UNIVERSITÉ DE PARIS. — FACULTÉ DE DROIT

ETUDE

HISTORIQUE ET CRITIQUE

SUR LA MAXIME

NUL EN FRANCE NE PLAIDE PAR PROCUREUR

HORMIS LE ROI

THÈSE POUR LE DOCTORAT

PAR

Constantin D. SPIRIDÈS

AVOCAT

LAURÉAT

(Concours 1892, 2ᵉ prix. — Concours 1893, 1ᵉʳ prix.)

PARIS

LIBRAIRIE NOUVELLE DE DROIT ET DE JURISPRUDENCE

ARTHUR ROUSSEAU

ÉDITEUR

14, rue Soufflot et rue Toullier 13

1897

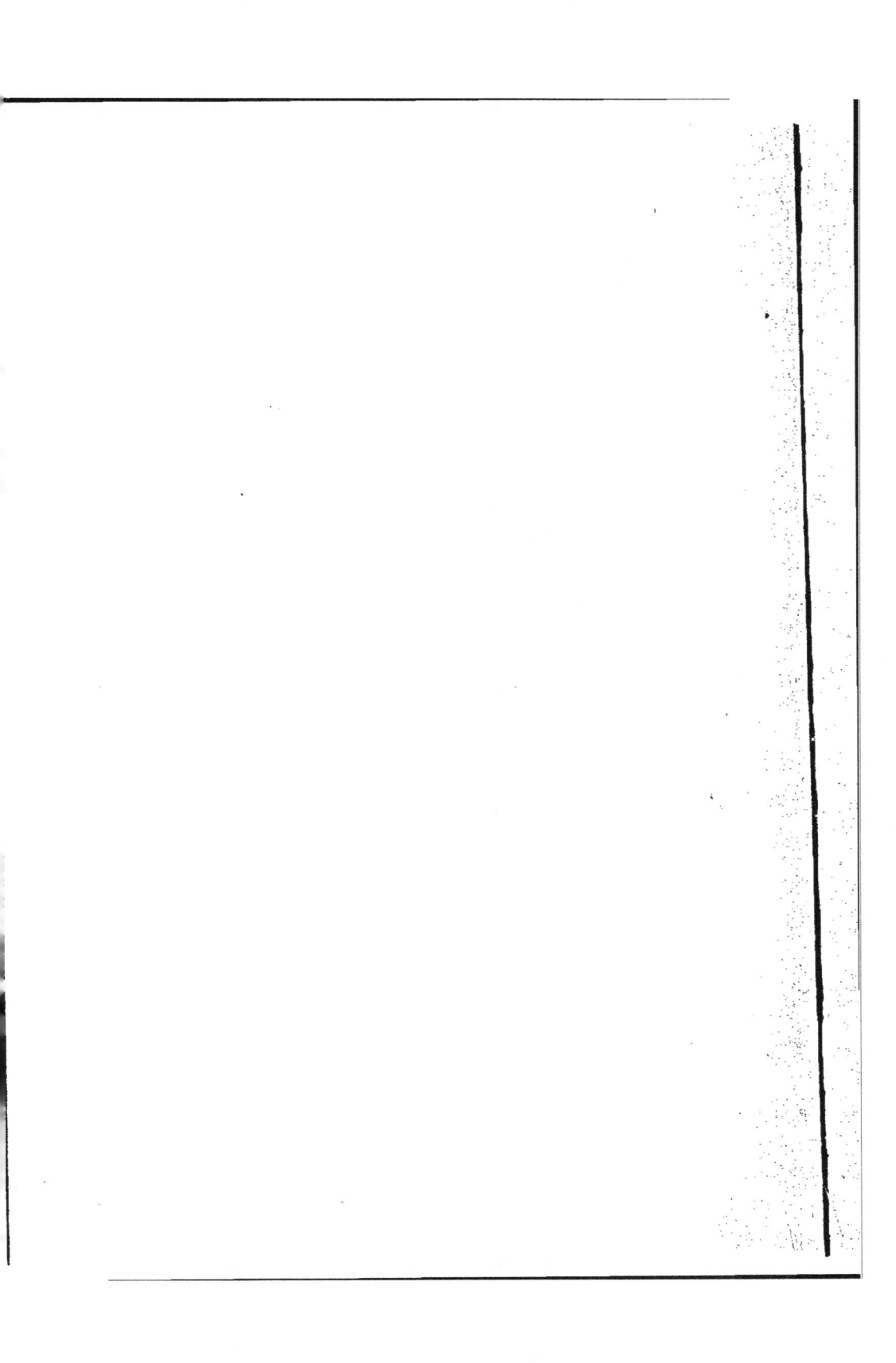

ÉTUDE

HISTORIQUE ET CRITIQUE

SUR LA MAXIME

NUL EN FRANCE NE PLAIDE PAR PROCUREUR

HORMIS LE ROI

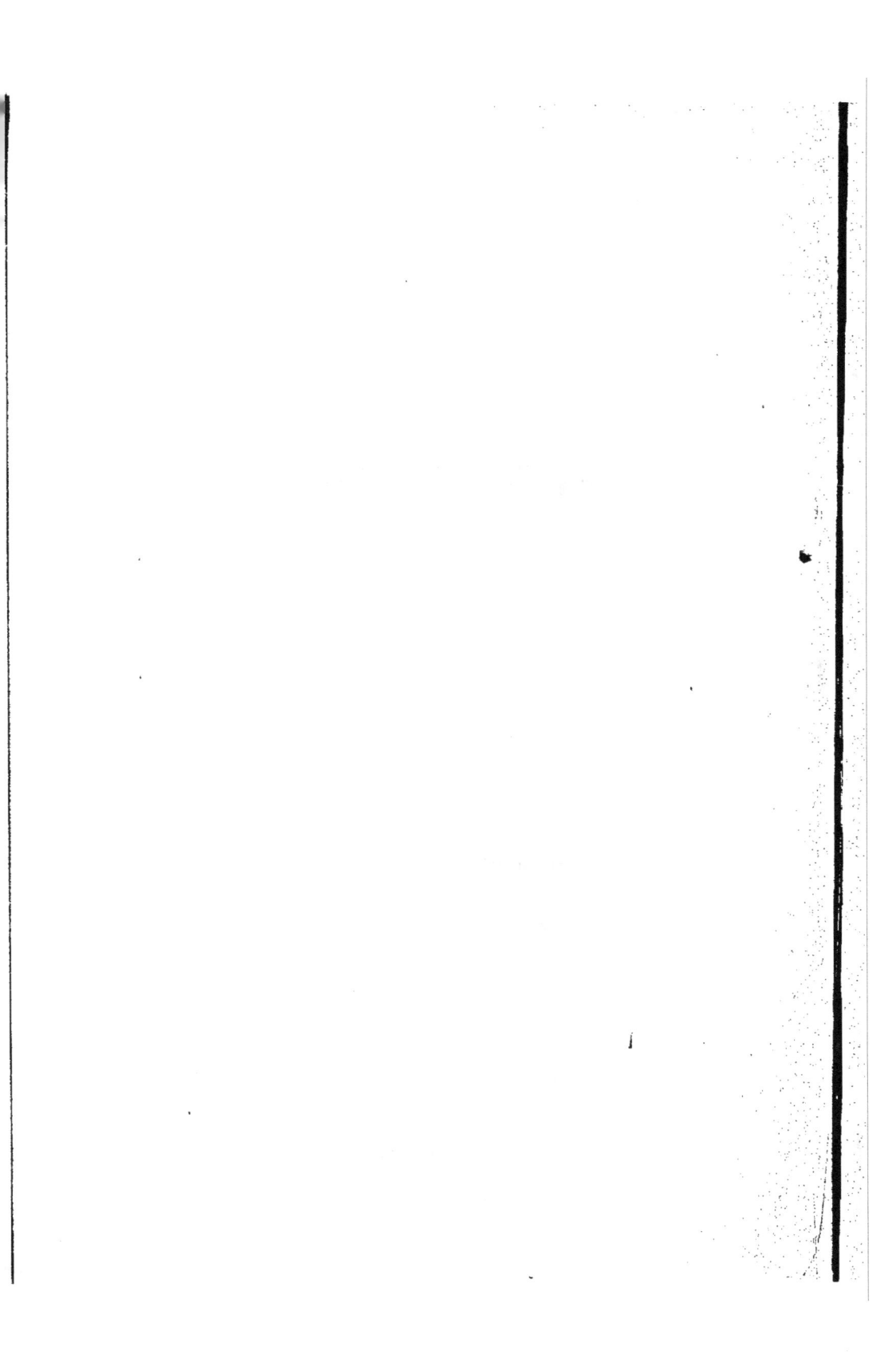

UNIVERSITÉ DE PARIS. — FACULTÉ DE DROIT

ETUDE

HISTORIQUE ET CRITIQUE

SUR LA MAXIME

NUL EN FRANCE NE PLAIDE PAR PROCUREUR

HORMIS LE ROI

THÈSE POUR LE DOCTORAT

PAR

Constantin D. SPIRIDÈS

AVOCAT

LAURÉAT

(Concours 1892, 2e prix. — Concours 1893, 1er prix.)

PARIS

LIBRAIRIE NOUVELLE DE DROIT ET DE JURISPRUDENCE

ARTHUR ROUSSEAU

ÉDITEUR

14, rue Soufflot et rue Toullier 13

1897

ΤΩ. ΣΕΒΑΣΤΩ. ΜΟΙ ΠΑΤΡΙ

ΣΜΙΚΡΟΝ ΕΥΓΝΩΜΟΣΥΝΗΣ ΔΕΙΓΜΑ

ΤΟ ΠΟΝΗΜΑ ΤΟΥΤΟ

ΑΝΑΤΙΘΗΜΙ

PRÉFACE

Selon l'expression de Merlin, la règle *Nul ne plaide par procureur*, etc., est aussi vieille que le Droit français. C'est dire qu'elle a des racines profondes et que pour la connaître complètement il faut remonter bien haut.

Mais on devine aisément que cette règle, en passant à travers tant de siècles, a dû nécessairement perdre un peu de son sens primitif, et subir une évolution sensible. La maxime en effet d'aujourd'hui n'est pas la même que celle d'autrefois.

Notre étude pourrait donc se diviser en deux grandes périodes, séparées entre elles par l'ordonnance de 1484. Car du jour où, par suite de cette ordonnance, les lettres de grâce furent abolies, la maxime dans son acceptation primitive, cessa d'être vraie, et si elle subsiste encore, c'est pour revêtir un sens plus subtil que l'on retrouve aussi dans le droit moderne.

Nous ne suivrons pas cependant cette division.

Pour plus de méthode, nous préférons séparer l'ancien droit du droit moderne.

Dans la première partie, la partie historique, nous

SPIRIDÈS

1

aurons à parler du principe absolu de la non représentation en justice, par lequel se traduit à cette époque la maxime *Nul ne plaide par procureur*, etc. Suivant ensuite l'évolution lente que cette prohibition a subie, nous arriverons à un moment où elle cesse d'exister.

Nous assisterons alors à la transformation du sens de notre maxime, et après avoir constaté sa survivance et précisé sa nouvelle portée, nous la transmettrons telle quelle au droit moderne, pour un examen plus minutieux des difficultés que son application actuelle soulève.

Nous ne quitterons pas toutefois le droit ancien, avant d'avoir exposé dans un dernier chapitre, quelques opinions différentes, qui se sont fait jour sur l'origine de la maxime. Mais, ainsi que nous aurons l'occasion de le voir, leur invraisemblance saute aux yeux.

Aussi ne nous sommes nous pas fait scrupule de les reléguer au second plan, et de suivre notre exposé, sans nous soucier de leur existence.

CHAPITRE PRÉLIMINAIRE

NOTIONS GÉNÉRALES ET HISTORIQUES.

En parcourant les documents législatifs les plus anciens, on est frappé par la grande place que les règles touchant à la procédure, occupent dans ces étroits recueils.

Il semble que l'unique souci des législateurs de cette époque fût d'amener les parties devant le juge, et d'assurer le mécanisme des assemblées judiciaires. Prenons par exemple la loi des Douze Tables.

La première table est intitulée *de in jus vocando*, la seconde traite de la procédure à suivre lorsque le défendeur a comparu, et ce n'est qu'en troisième lieu que l'on s'occupe du *dépôt*. La loi Salique suit une marche analogue.

Son premier titre, intitulé de *Mannire*, se réfère aux citations et comparutions devant une Cour, et répond par cela exactement à la première des Tables romaines. Si enfin nous remontons aux lois les plus anciennes qui nous soient connues, celle de l'Inde, nous remarquerons qu'un ordre à peu près semblable a été suivi.

Dans un recueil intitulé *Narada*, ce que l'on trouve d'abord c'est la description d'une Cour de justice tenue par le Roi (1).

Pourquoi cette prépondérance aux règles touchant la procédure, et surtout la convocation des partie ? C'est que la notion abstraite du droit se trouve encore en son enfance. Les tribunaux de cette époque ne sont que des médiateurs intervenant dans le différend.

Ils remplacent en cela, d'une façon plus stable, les tiers qui, à l'époque où l'on se faisait justice soi-même, s'entremettaient entre les deux parties pour résoudre la contestation. Cette transition entre l'époque des luttes privées, et celle ou l'autorité publique intervient, est surtout très nette dans la procédure germanique.

D'après la loi Salique en effet, c'est encore l'individu qui se charge lui-même de rétablir son droit lésé, mais il doit le faire en accomplissant certaines formalités, et en présence de l'autorité publique (2). On voit de tout ce qui précède, que l'on distinguait difficilement, aux époques primitives, le droit en soi, et la manière de le faire respecter. La société est encore incapable de la puissance d'abstraction nécessaire pour distinguer entre elles les grandes divisions du Droit.

C'est pour cela que les documents de ce temps sont

(1) SUMNER-MAINE. *La codifiaction d'après les idées antiques*, p. 8.

(2) V. pour plus de détails PARDESSUS. *Loi salique*.

avant tout des exposés de procédure, et non pas des recueils systématiques et savants de dispositions juridiques.

Dans un tel état de législation, la comparution personnelle des parties devant le juge, ne devait-elle pas être d'une grande importance ?

Du moment que l'instance devant le juge n'était qu'une seconde phase de la lutte privée, comprendrait-on que l'une des parties ne fût pas obligée d'y assister personnellement ? Et si, comme nous l'avons dit, le droit ne pouvait pas encore s'individualiser en se dégageant du débat, comprendrait-on qu'un tiers, étranger à l'affaire, pût l'invoquer en faveur d'un autre ?

A ces raisons, purement théoriques, on pourrait joindre d'autres considérations, qui serviraient aussi à expliquer, dans une certaine mesure, la conservation du principe de la non-représentation en justice.

On peut d'abord dire, que c'est un témoignage de déférence envers le tribunal que de venir devant lui en personne. Ensuite il était à espérer, à une époque où le juge n'était qu'un arbitre, qu'il parviendrait plus facilement à mettre d'accord les parties, si elles étaient présentes.

Avant d'arriver en Gaule, où nous aurons à examiner en détail l'évolution progressive de ce principe, rappelons qu'à Athènes (1), aussi bien qu'à

_____

(1) « Apud Athenienses, dit QUINTILIEN, alieno nomine causam dicere non licebat ».

Rome (1), la représentation en justice était interdite.

Pour cette dernière législation surtout, ladite prohibition trouvait un sérieux appui, dans le formalisme bien connu des *Legis Actiones*. Les formules ne pouvaient être modifiées d'un côté ; de l'autre, elles contenaient des affirmations ou des négations, portant sur le droit de la personne même qui les prononçait. On comprend que toute idée de représentation devenait ainsi impossible.

Cependant la règle *Nemo alieno*, etc. malgré ses quelques exceptions, devenait de jour en jour un véritable obstacle à la marche régulière de la justice.

Aussi, quand les *Actions de la loi* laissèrent la place au système formulaire, fut-il admis, sans difficulté, que l'on pourrait se faire représenter en justice.

C'est ainsi que prirent naissance les *cognitores* et les *procuratores* (2).

____

(1) « Nemo alieno nomine lege agere potest ». Dig. 123. *De regulis juris* ; GAIUS. *Comment.* IV, § 82.

(2) Pour les différences entre ces deux genres de mandataires judiciaires, Voir GAIUS. *Comment.* IV §§ 83 et suiv. ; *Fragmenta Vaticana.*

PREMIÈRE PARTIE

ANCIEN DROIT FRANÇAIS

CHAPITRE PREMIER

RÉGIME DE LA COMPARUTION PERSONNELLE DEVANT LE JUGE

§ I. État de législation en Gaule avant l'invasion des barbares.

Dans l'organisation judiciaire de la Gaule, avant la conquête romaine, on ne trouve pas d'indications relatives au droit pour les plaideurs de se faire représenter en justice par un mandataire.

Si l'on peut induire de certains textes le droit pour le

chef de défendre ses clients devant le tribunal des Druides, il est bien difficile de rattacher cette prérogative, qui paraît surtout d'ordre politique, à une organisation judiciaire complète (1).

A cette même époque et avant la conquête de César, les Romains s'étaient emparés d'une partie du territoire gaulois, et y avaient entre autres colonies Narbonne.

Les institutions romaines s'y étaient développées, et l'usage des *procuratores* fut introduit dans cette colonie (2).

Avec la domination définitive de Rome, le droit romain se généralisa sur tout le territoire gaulois ; on peut donc conclure que les règles sur la représentation en justice et sur le rôle des *procuratores* s'y observaient devant le président de la province, *judex ordinarius*, devant ses lieutenants, *legati præsidis*, ou les juges nommés par lui, devant les magistrats municipaux, etc. comme devant les tribunaux de la métropole.

A la même époque nous trouvons l'institution du *defensor civitatis*, qui se rattache plus directement, dans son origine du moins, au sujet spécial qui nous occupe.

Il était élu au début pour agir ou pour défendre dans un procès déterminé intéressant la commune (3).

(1) Répertoire des Pandectes française. V° Avoué.
(2) AULU-GELLE. *Nuits attiques* lib. XVI, XIII ; PLINE. *Histoire lib.* III cap. V.
(3) Arc Charisius au Dig. loi 18, § 13. « Defensores quoque quos

L'exercice en effet des actions communales, n'avait pas lieu, comme chez nous, au nom du chef ou des chefs de la cité ou du municipe. En règle générale, c'était un mandataire spécial, choisi dans le sein de la curie, qui exerçait les actions de la commune (1). Avec le temps, son mandat devint plus général, et en vertu d'une constitution de 365 adressée au défenseur Sénèque, le pouvoir judiciaire fut attribué au *defensor civitatis* ; ainsi son rôle primitif de mandataire judiciaire s'absorbe désormais dans celui de magistrat.

§ II. La représentation judiciaire chez les barbares (Visigoths et Burgondes)

Les rois barbares ayant envahi la Gaule maintinrent aux Gallo-Romains la jouissance de leur droit national. C'était le système de la personnalité des lois, bien nécessaire en ce moment, à raison de la différence des races juxtaposées par la conquête (2).

Quelle était la procédure suivie à cette époque ?

En l'absence des documents précis, il serait bien difficile de le dire. Tout ce que l'on pourrait affirmer, c'est qu'en ce qui touche la représentation judiciaire, les diverses lois barbares étaient loin de se ressembler.

Graeci syndicus appellant, *et qui ad certam causam agendam vel defendendam eleguntur*, etc.

(1) SAVIGNY. *Droit admin. romain*, t. 1, p. 243.
(2) ESMEIN. *Histoire du Droit*, p. 56.

D'abord la loi des Visigoths autorise, en termes non-équivoques, des mandataires en justice. Elle les rend même obligatoires dans certains cas ; ainsi les évêques et les princes ne devaient pas se commettre avec leurs inférieurs dans des luttes judiciaires (1).

Les premières questions que le magistrat adressait au plaideur, avaient pour objet de s'informer, si celui-ci défendait sa propre cause ou celle de son mandant (2).

Le principe était le même dans la loi des Burgondes. Le roi, les particuliers, confiaient fréquemment, à l'instar des Romains, la gestion de leurs biens et le soin de leurs intérêts, à des esclaves qu'on appelait *actores* agents. C'est peut-être pour cela qu'il était défendu aux Burgondes de comparaître en justice pour les Romains (3) C'était un office d'esclave que le conquérant ne devait pas prêter au vaincu.

(1) Codex leg antiq. Lex Wisigoth..., lib. II, t. 3. *De mandatoribus et mandatis lege I*, « Quod principium et episcoporum negotia non per eos, sed per subditos suos sint agenda. » Voici le motif de cette loi « Quia tantis culminibus videri poterit contumelia irrogari, si contra eu vilior persona in contradictione causa videatur assistere » Une loi semblable se trouvait dans le code de Justinien : elle défendait au préteur, au préfet de la ville et autres grands personnages, de plaider autrement que par procureur, pour ne pas compromettre leur dignité. L 25 cod. *De procurat*.

(2) Ut judex a litigatore perquirat utrum propria an aliena sit causa prolata. Lib. VIII, t. 1, lege 5.

(3) Tit. 22. *De remorendo in negotiis Romanorum, patrocinio Barbarorum*. Le Romain mandant perdait sa cause et le Bourguignon mandataire payait 12 sous d'amende.

§ III. — Le principe de la non représentation judiciaire chez les Francs.

Chez les Francs, au contraire, la représentation en justice était interdite. Il est vrai que pour les Francs Ripuaires on ne saurait être très affirmatif. On se prévaut d'habitude d'un texte (1) qui défend aux esclaves appartenant à une église de plaider par l'organe d'un défenseur. Or, dit-on, les hommes libres n'étant pas compris dans l'exception, rien ne les empêche de plaider par procureur. La question serait de savoir, si par le mot *défenseur* on a voulu entendre un mandataire *ad litem* ou un *conseil* ou *protocuteur* quelconque (2). Mais pour les Francs Saliens tout doute disparaît.

Le XII, d'abord, des chapitres additionnels de la loi salique, attribués à Clovis, prononce une peine contre celui qui a fait valoir la cause d'un autre (3).

Ce principe est encore confirmé par la formule 27 du premier livre de Marculfe. On y trouve en effet une permission accordée par le roi à un de ses fidèles, à raison de son ignorance, de se faire représenter devant toute les juridictions par un homme plus éclairé, qui consentirait à se charger de cette mission, et qui, sans doute,

(1) Servi autem ecclesiarum non per actores, sed ipsi pro semetipsis in judicio respondant. Loi ripuaire, tit. LX, art. XXIV.

(2) V. *infra*, p. 14.

(3) PARDESSUS, *fragm. d'un comment. de la loi salique dans la bibl. de l'École des Chartes*, I, p. 424.

était de la même classe que le fidèle, car cet homme
est qualifié de *vir illuster* (1). Ce rescrit royal est
évidemment une exception ; on ne comprendrait point
sa nécessité, si le droit commun admettait la représentation. Aussi sert-il à confirmer la règle.

Cette autorisation mentionnée par Marculfe semble,
du reste, n'être qu'une variété des lettres de protection,
que les rois avaient l'habitude d'accorder aux personnes
dont ils prenaient la défense.

Ces lettres de protection, en effet, à part la paix
qu'elles avaient pour effet, sous peine de bannissement,
d'assurer au titulaire, contenaient souvent la nomination d'un représentant judiciaire en faveur du pro-
tégé (2).

---

(1) Voici la formule toute entière : « Fidelis, Deo propitio, nos-
ter ille ad nostram veniens presentiam suggessit nobis eo quod
propter simplicitatem suam causas suas minime possit prosequire vez obmullare. Clementie regni nostri petiit ut inlustris vir
illi omnes causas suas in vicem ipsius, tam in pago quam in palatio nostro, ad mallandum vel prosequendum recipere deberit ;
Quod et in presente per fistuca eas eidem visus est commandasse.
Propterea jobemus ut, dum taliter utrisque decrevit voluntas, me-
moratus vir ille omnes causas lui ubicumque prosequire vel obmullare debeat, et unicuique pro ipsum vel omnibus suis de repu-
tatis condicionibus et directum faciat, et ab aliis similimodo ve-
verit eam recipiat, sic tamen quamdiu amborum decreverit
voluntas ». BATAILLARD (*Origine de l'histoire des Procureurs*
p. 37) fait remarquer l'analogie frappante du rescrit de Marculfe
avec les lettres de grâce à plaider par procureur accordées aux
XIVe et XVe siècles.

(2) HEN. BRUNNER. *Mithio und sperantes*, p. 6.

Ainsi on trouve dans Marculfe une clause (1) en vertu de laquelle, le maire du palais était nommé représentant judiciaire d'une personne soumise à la protection du roi.

§ IV. Conservation du principe sous la seconde race.

Le principe de la non-représentation en justice nous le retrouvons encore intact, sous la seconde race.

Voici en effet ce que l'on lit dans le chapitre IX du capitulaire de 802. « *Ut nemo in placito pro alio rationare usum habeat defensionem* alterius injuste sive pro cupiditate aliqua, minus rationare valente, vel pro ingenio rationis suæ justum judicium marrire, vel rationem suam minus valente opprimendi studio. *Sed unusquisque pro sua causa vel censum vel debito ratione reddat* (2).»

Les tempéraments du reste admis à cette époque, démontrent jusqu'à l'évidence la conservation du principe de la non-représentation. Les parties, ne pouvant pas se faire remplacer par un autre devant le juge, courrent de sérieux dangers de perdre leur procès, dans une procédure par trop formaliste, par suite d'une irrégula-

(1) MARCULFE I, 24. « Industris vir ille causas ipsius pontifice... tam in pago quam in palatio nostro prosequere deberit.
Voir aussi les autres documents cités par Brunner. *Op. cit.* p. 8, note 1re.
(2) Capitul Aquisgr. A. 820. Pretz, p. 92.

rité quelconque dans la forme. Alors, à l'exemple des Romains qui se faisaient accompagner jusque par devant les juges par des jurisconsultes, elles s'entourent d'abord de *Conseils* qui les éclairent de leurs avis, puis prennent pour interprètes des praticiens mieux instruits qu'eux des usages et des termes de la procédure. On les désigne sous les noms de *prolocutores, narratores,* en français *porparliers, avant-parliers, amparliers, conteurs,* etc.

Mais remarquons bien que ces intermédiaires ne représentaient point les plaideurs. Ceux-ci étaient toujours obligés de venir en personne, avec la différence qu'ils avaient comme porte-voix l'organe de leurs prolocuteurs, dont ils pouvaient avouer ou désavouer les paroles (1).

Que conclure de tous ces détours, sinon qu'il était en principe interdit de se faire remplacer par un tiers devant le juge ?

§ V. Exceptions au principe.

Le principe de la non représentation n'était pas cependant d'une rigueur absolue. Nombre d'exceptions exis-

---

(1) « Le nom de prolocuteur seuy
              C'est celui qu'avoit met pour soy
              De parler de qui les parolles
              Doibvent peser égaux o les
              De celui à qui le cas touche »

MONTEIL, *XVᵉ siècle*, p. 274.

tait au profit de certaines personnes. Il en était ainsi d'abord du Roi.

Il eût été en effet contradictoire et peu conforme aux bienséances monarchiques, que le roi comparût devant des juges qui rendaient précisément la justice en son nom (1). Il se faisait remplacer dans les procès fiscaux par des agents du fisc, ou par un mandataire spécial (2).

Après le Roi viennent les évêques et abbés qui, par faveur spéciale, pouvaient également se choisir des mandataires judiciaires.

Le plus vieux document que nous ayons sur ce point, c'est un diplôme, ou plutôt un plaid, de Childebert III, rendu à Compiègne en 695, et par lequel il fut adjugé à Hainon, abbé de Saint-Denis, une terre dans le Beauvoisis, nommé Hordinium. L'évêque paraît figurer dans le procès par l'intermédiaire d'un vir *inluster* nommé Ægobertus (3). La représentation judiciaire de ces di-

_____

(1) Sur le caractère et l'étendue de ce privilège du roi V. *infra* p. 47.

(2) Exemples. Plaid de 806 Muratori 1, 973.   « G. filio quondum G. *qui causam curtis domini Regis peragebat* ». Plaid de 752, *ibid.* II, 951 « Castaldio de Sexpilas..... Advocatus *de ipsa curte*. Plaid de 891, *ibid.* 981 « *Advocatus Curtis*, Sexpilas. »

Plaid de 803. Martené I, 160 « judicaverunt ut admitterentur advocati utriusque partis *regalis* videlicet et episcopalis.

V. aussi d'autres documents dans Bethmann-Hollweg, *Der Civil prozess des gemeinen Rechts*, t. V, p. 107.

(3) « ..Ibique veniens inluster vir Ægobertus... *in causa venerabili viro Haino* etc. » Pardessus *Diplômes*, t. 2, p. 235. — Cpr. Dipl. de Clotaire III de 658, *ibid.* t. 2, p. 107. — V. aussi Marculf App. 9, Dipl. de 589. — Baluz II, App. n° 16. — Assertor vel causidicus et *mandatarius*. D. Archiepiscopi et per or-

gnitaires ecclésiastiques se faisait par les *advocati*, dont le caractère originaire fut celui de représentant judiciaire (1).

Une série, du reste, de prescriptions canoniques rendaient pour le clergé la faculté de plaider par procureur obligatoire (2).

Il en fut ainsi jusqu'au concile de Latran en 1179, qui permit au clergé de comparaître personnellement devant les juridictions laïques *pro utilitate ecclesiæ*.

Les vassaux royaux pouvaient avoir également des *advocati* pour les représenter eux et les habitants de leurs seigneuries devant les tribunaux ordinaires (3). (Capit Langob. a 802, c. 10 Pertz, p. 104) Ut vassi et austaldi nostri... *si præsentes esse non possunt* suos advocatos habeant, *qui eorum res ante Comitem defendere possint* et quidquid eis queritur justitiam faciant.

Les réunions d'habitants, qui correspondent à nos

dinatione de domino et regi nostro Karolo. Diplom. de 802: Vaissette I, 84. « H. qui est *mandatarius* de F. abate et de congregatione S. Joannis. »

(1) Le désordre des temps (2e moitié du VIIIe et IXe siècle) avait contraint les églises à demander aux laïques d'autres services, et à s'adresser à des personnages puissants, qui durent défendre par les armes le patrimoine ecclésiastique sans cesse menacé. L'advocatus devint alors un protecteur, un patron. Un droit de juridiction ne tarda pas à lui être accordé. Voir sur les advocati : DE SAINT-GENOIS, *Traité des Avoueries*. FERRIÈRE. *Dictionnaire de pratique* V° Advoué et Vidame.

(2) Conc. Afric. c. 99. — Conc. Carth. c. 75. BALUZE, appendice V, 9 et 11.

(3) BEAUCHET . *Histoire de l'organis. judiciaire*, p. 490

communes, pouvaient aussi plaider par des fondés de pouvoir librement élus (1). Ainsi on voit dans un plaid de 882 les habitants d'une localité élire un représentant dans un procès de servitude (2).

Enfin on peut dire, d'une façon générale, que le droit de plaider par procureur était accordé à toutes les personnes que l'âge ou la maladie tenaient éloignés du tribunal (3).

C'est à ces dispenses que fait allusion probablement le passage, plus haut (p. 11) mentionné de la loi Salique, quand il n'applique la peine de 15 sous à celui qui s'est fait représenter en justice, que dans le cas où cette faculté n'avait été *nec demandata nec lever pita (ou levers pita).*

Remarquons que les exceptions que nous venons de parcourir ne s'étendaient pas en matière criminelle ni dans les questions d'État (4). « Si quando in causa capitali vel in causa status interpellatus fuerit, non per pro procuratores sed per ipsos est agenda (5).

La représentation par l'intermédiaire des advocati

(1) BETHMANN, *Op. cit.* T. V, p. 107.

(2) Plaid de 882, Fumagalli, Cod. Ambr. no 121. « Vicini et consortes... elegerunt et huc causa de eorum parte in rationem standum et finem inde participiendum : id sunt L. et magistrum, quis super ipsis constitutum erat ad regendum seu. »

(3) BETHMANN, *Op. loc. cit.* Marculf App. 25 (*Senectus*). Lindenbrog 183 (*gravis aegritudo*).

(4) BEAUCHET. *Op. cit.*, p. 492.

(5) Cap. lib. IV. C. 14, BALUZE, I, p. 1194. c. pr. Capit. Lib. VII, C. 357, *ibid.*, p. 1102.

était complète, si bien qu'ils pouvaient prêter serment pour les parties et même combattre pour elles.

Aussi un capitulaire de Pepin prescrit de ne choisir comme advocatus qu'un homme libre, de bonne réputation, qui puisse jurer pour son mandant (1).

§ VI. Procédure suivie devant les tribunaux ecclésiastiques.

Le principe de la non-représentation recevait encore exception devant les tribunaux ecclésiastiques.

L'Église, en effet, suivait la loi romaine *qua ecclesia vivit*, comme dit la loi des Ripuaires (t. 58, § 1er), et l'appliquait sans distinction de nationalité ni d'origine (2).

Cette dérogation était d'autant plus importante, que l'Église, dont l'influence augmentait tous les jours, était arrivée, au moyen âge, à attirer vers elle une bonne partie d'affaires, qui rentraient jusqu'alors dans la compétence des tribunaux civils. On pourrait même dire que la faculté de plaider devant ses tribunaux par procureur ne fut pas étrangère à l'augmentation du nombre de ses justiciables.

1) Capit. a 782, c. b. Pertz, p. 48 : « Ut talis sit ipse advocatus, liber homo et bonne opinionis laicus aut clericus qui sacramentum pro causa ecclesiæ, quam peregerit, deducere possit. »

(2) C'était là un grand échec au principe de la personnalité des lois : on pourrait l'expliquer par l'idée que l'on se faisait de l'Église, considérée à cette époque, sinon comme un État dans l'État, du moins comme un grand corps, de sorte que celui qui entrait dans ses ordres était retranché, pour ainsi dire, de son milieu primitif.

La représentation judiciaire y était tellement favorisée, que le premier venu pouvait prendre les intérêts d'un défendeur, même à l'insu de ce dernier, pourvu que le *défensor* qui se présentait ainsi spontanément garantît, que la condamnation serait exécutée, en fournissant la caution de *judicato solvendo* (1). Toutefois on serait tenté de croire, d'après un monument de la fin du XII° siècle, que cette faculté ne fut pas à l'origine aussi étendue. On lit en effet dans le document en question, que les Écoliers de l'Université de Paris, dont les causes se jugeaient selon le droit canon, ayant sollicité d'Innocent III la permission de plaider par procureur *en demandant et en défendant*, le Pape leur accorda la permission demandée, tout en leur faisant observer que le droit commun ne s'y opposait nullement (2).

Cette inutile démarche des Écoliers ne trahirait-elle pas une ancienne coutume, disparue à cette époque ?

La représentation en matière criminelle était également interdite devant les juridictions ecclésiastiques (*supra*. p. 17). Cette règle n'était pas cependant absolue.

Durandis, l'auteur du *speculum juris* (lib. 1 partie III

---

(1) DURANDIS. *Speculum juris*, lib. 1, partie III, *De defensore* p. 231 : « Defensor est qui, *sine mandato*, præstita cautione de judicato solvendo, alium in judicium defendit. »

(2) *Licet de jure communi hoc facere valeatis*, instituendi tamen procuratorem super his tenuis contra vos et pro vobis moventur) auctoritate præsentium vobis concedimus facultatem ». JOLY, 1 addit. *Livre des offices de France*.

§ 1) nous signale plusieurs cas, où la représentation était admise :

1° En matière d'injure, si les parties sont des personnes illustres.

2° En accusation d'ingratitude.

3° Si le crime ne mérite pas peine afflictive. 4° En action publique intentée pour un intérêt civil. 5° Dans la cause d'un esclave défendu par son maître. 6° Dans les crimes légers. 7° Quand le crime est poursuivi civilement. 8° Dans les causes de l'Église ou d'une communauté *quæ purificantur in criminalibus*.

CHAPITRE II

RÉGIME DES LETTRES DE GRACE

§ I. — Elargissement progressif du cercle des exceptions.

Nous venons d'examiner avec ses nombreuses excep-tions le principe de la non-représentation en justice, tel qu'il se pratiquait aux premiers siècles de la monarchie.

Comme il est naturel de le penser, cette règle gênante, avant de faire place à un système plus conforme aux besoins toujours plus grands d'une société naissante, subit une évolution progressive, et passa par des adou-cissements successifs, surtout à une époque où la cou-tume suppléait, en partie, à l'inertie du législateur.

Nous ne pouvons pas suivre, malheureusement, pas à pas cette lente transformation du principe.

La barbarie de ces temps, les guerres civiles, les invasions des Normands, les premières croisades, ne furent guère favorables à la production et à la conservation des monuments historiques.

Tout ce que l'on peut affirmer sans témérité, c'est que le cercle des exceptions s'élargissait tous les jours.

Les *olim* qui remontent à 1254, contiennent plusieurs arrêts du Parlement de Paris en vertu desquels bien d'autres personnes, que celles plus haut mentionnées, étaient autorisées à plaider par procureur.

Il a été constamment permis aux croisés, que la guerre sainte retenait longtemps loin de leurs foyers, de se faire représenter en justice (1).

Les magistrats, ajournés au Parlement, jouissaient à cause de leurs fonctions, de la même faveur (2). Il y a même un arrêt de 1269 qui avait décidé que, dans une enquête, le demandeur pourrait produire ses témoins par procureur (3).

Le principe de la comparution en personne, restait cependant encore en vigueur, et plusieurs arrêts (4) l'avaient formellement maintenu.

Il faut arriver aux établissements de Saint-Louis pour constater un pas en avant, relativement à la faculté de se faire représenter devant le juge. D'après le système suivi jusqu'à cette époque l'homme légitime-

(1) A. du Parl. de 1270, *Olim.* 1, p. 854 § VI J.
(2) A. A. de 1268 et 1280, *Olim* p. 284, § VI et p. 203, § IX.
(3) A. 1270 *Olim.* 1 p. 788, § XIV.
(4) A. A. de 1265 et 1270, *Olim.* 1, p. 612, § XX, et p. 854, § VI J.

ment empêché de comparaître devant le juge, envoyait quelqu'un pour faire valoir son *essoine* (1), et obtenait ainsi un sursis.

Mais ces *essoines*, qui pouvaient être renouvelées jusqu'à trois fois, étaient la cause d'abus et de lenteurs (2) considérables. C'est pour obvier à ces inconvénients que les *Établissements* permirent à tout défendeur infirme ou dans l'impossibilité de comparaître devant le juge, d'envoyer quelqu'un à sa place. Il devait d'abord en prévenir le juge qui lui accordait un délai de 8 jours. Si, au bout de ce délai, il ne pouvait encore pas se présenter, il envoyait alors à sa place son fils, ou son héritier présomptif. Voici le texte de la loi « Se aucuns vieus hons, ou foibles ou malades fesoit tort à aucune gent et cil s'en venist plaindre à la justice, l'en li doit mettre jour ; et se il ne venoit au jour et il demandast l'essoine de sa maladie, l'autre partie devroit attendre huict jours et huict nuicts. Et se le plaintif vient avant de rechief et die : Sire, je vous requiex droit, car cil de qui je m'estois plaint si est malade, la justice i doit envoter par hommes souffisans, et cil li doivent dire. Tieux gens se plaignent de vous et de tele chose et vous estes malade de longue maladie et si vous esgarde l'en que

_____

(1) On appelait *essoine* ou *exoine* tout empêchement légitime tel qu'une mission du Roi, l'incendie de sa maison, la mort d'un parent, etc.

(2) Voir un exemple de ces lenteurs dans un arrêt de 1260, *Olim*, I, p. 480, § XV.

vous mettes un autre pour vous qui vous deffende, selon le droit escrit en Digeste et titre *des Procureurs* loy *exigendi*, et en Décrétal des *Procureurs*, où il est escrit que le fils puet estre pour le père. Ne ne convient pas que il ait autre commandement que du père, quand il est personne conjointe. Si comme la dite écriture le dit que *cil i doit mettre son fils l'aisné, et se il n'a enfans, celui à qui le recors de la terre vient y doit estre pour lui*. Et ainsi l'esgarde l'en par droit qu'il sera établi ; et ce qu'il fera sera estable » (1).

On remarque que par la désignation du fils ou de l'héritier présomptif comme mandataire judiciaire, la disposition ci-dessus perd un peu de son caractère dégoratoire, car on peut dire que ces représentants, à raison de la communauté d'intérêt qui les lie avec le mandant, plaident un peu une affaire personnelle.

La faveur, ainsi faite, aux plaideurs infirmes ou malades, se généralisa bientôt au profit de tout *défendeur*.

On a compris, en effet, qu'il serait inique de refuser cette faculté à celui qui, à la différence du *demandeur*, ne choisit pas son jour, et qui peut parfaitement, au jour désigné par son adversaire, se trouver dans l'impossibilité de venir par cas fortuit ou force majeure.

En ce qui concerne cependant, les hommes de *poste* ; Beaumanoir (2) semble leur interdire le droit de plaider

(1) *Establiss.* 1, 102 et 11, 7 et 8.
(2) BEAUMANOIR. *Coutume de Beauvoisis*, chap. 3, n° 31, t. 1, p. 86.

par procureur, *même en défendant*, sans une autorisation préalable du roi ou du seigneur justicier. Mais cette doctrine de Beaumanoir ne se généralisa pas, et il fut admis que *tout défendeur* pourrait sans autorisation constituer procureur (1).

Il n'en fut pas de même pour les demandeurs. Le principe de la comparution personnelle reste encore pour eux en vigueur. Ce n'est qu'à titre purement exceptionnel, et après une autorisation préalable (lettres de grâce), qu'un demandeur pourrait plaider par procureur. Dans cet état de choses, il devenait important de distinguer le rôle du défendeur et celui du demandeur.

Ainsi, en cause d'appel, l'appelant était considéré comme demandeur, même s'il avait joué le rôle de défendeur dans la première instance.

De même en cas de saisine et de nouvelleté, chacun des plaideurs était considéré comme demandeur.

En cas de saisie le saisissant était demandeur et non pas le saisi, même s'il faisait opposition à la saisie (2).

Comme on le voit, la qualité de défendeur, à raison de la faveur qui l'entourait, n'était pas facilement accordée.

Cette différence de situation entre le demandeur et le défendeur ne devait pas cependant s'éterniser.

La rivalité inquiétante de la juridiction ecclésiastique

---

(1) GLASSON. *Histoire des Inst. de France*, t. 6, p. 306.
(2) GLASSON. *op. cit.* t. 6, p. 307.

qui admettait, comme nous l'avons vu, la représentation judiciaire, n'était pas de nature à laisser subsister
au préjudice des tribunaux laïques une infériorité que
les besoins du progrès rendaient chaque jour plus sensible. N'allons pas croire cependant qu'une mesure radicale est venue remédier à ces inconvénients.

De tels procédés ne se voient pas souvent à cette
époque. Seulement les rares faveurs de plaider par procureur, accordée au début avec parcimonie aux demandeurs influents, devinrent peu à peu plus fréquentes,
jusqu'au jour où, l'intérêt fiscal s'y mêlant, elles n'é-
taient plus refusées à personne.

En 1270, Jean d'Estouteville et sa femme, *demandeurs*
dans un procès, pendant au Parlement de Paris, furent
admis à plaider par procureur, sauf à comparaître en
personne, s'il y avait lieu de prêter serment (1).

En 1274, Philippe le Hardi rendait en son Parlement,
entre les échevins et les taverniers de Paris, un arrêt
où l'on voit que ceux-ci avaient comparu par procureur (2) :

Au Parlement de la Pentecôte de 1283, Charles Iᵉʳ roi
de Sicile, plaidait pareillement par procureur, contre le
roi de France, pour se faire attribuer la succession du
comte de Poitou et d'Auvergne (3).

(1) BATAILLARD. *op. cit.* p. 121.
(2) Table de Lennin vol. coté U, fᵒ 305.
(3) Le texte des deux arrêts concernant les Taverniers et le
roi de Sicile est rapporté par Joly I, 14 addit. p. cxlj. On y
trouve encore un autre exemple en 1314.

Enfin un autre arrêt, recueilli dans le Olim (1), nous apprend que quatre ou cinq ans plus tard l'usage s'était établi en Normandie de se servir du ministère des *Attournés* (c'était le nom des premiers mandataires *ad litem* en Normandie).

Les exceptions se multipliaient à l'infini. La constitution de procureurs devenaient chaque jour plus fréquente. Déjà au XIVe siècle, lorsqu'un demandeur dans l'état de ses frais portait en compte les dépenses de son voyage à Paris, cet article était attaqué parce que le demandeur n'aurait pas eu besoin de comparaître en personne (2).

§ II. Lettres de grâce.

Ainsi, nous rentrons insensiblement dans un nouveau régime, celui des *lettres de grâce*, sous lequel tout demandeur peut plaider par procureur à condition d'obtenir préalablement l'autorisation moyennant un droit fixe.

C'est ce qu'on exprimait par la maxime : « Au procureur du demandeur faut grâce (3) ».

(1) *Olim*. T. II, p. 275, § viij.
(2) H. Lot. *Des frais de justice au seizième siècle* dans la Bibliothèque de l'École des Chartes, 1872.
(3) L'Hôpital. *Traité de la Réformation de la justice*. t. 2, p. 255.

L'autorisation royale consistait dans l'obtention de « *lettres de grâce* » (1).

Elles étaient demandées à la chancellerie de la jurisprudence compétente. Des écrivains aux abords du Palais rédigeaient pour les parties les mémoires et requêtes nécessaires, souvent même ils préparaient eux-mêmes les lettres de grâce, sur lesquelles la Chancellerie se contentait d'apposer le sceau royal.

S'il s'agissait de plaider devant le Parlement, on s'adressait à la Chambre des Requêtes qui faisait expédier les lettres de grâce par ses notaires. (2) Le sceau dont toute lettre de grâce devait être revêtue, justifiait la perception, au profit du roi ou du seigneur justicier, d'un droit de six sous parisis, au moins pour les premiers temps.

Les lettres étaient valables pour un an, et comme les procès les plus importants duraient fort longtemps,

---

1. On trouve dans le grand Coutumier (édition Laboulaye et Dareste, p. 432) une curieuse explication du terme « lettres de grâce » : « Item elle est ainsi appelée *grâce* pour ce que si le demandeur est bonne personne, et sa demande loyalle, il y doibt voulentiers estre en personne, mais si la demande est ung petit tricheresse, ledit demandeur auroit vergogne que l'on aperceût sa maulvaistié et son faulx serment. Et pour ce le Roy à telles gens leur *faict grâce* d'avoir procureur, et pourtant on voit souvent que les procureurs sont plus chargés des causes des tricheurs que d'autres gens. L'autre raison est que le juge est mieulx honoré et plus pur que la présence des nobles et vaillants hommes que des personnes des procureurs. »

(2) *Grand Coutumier*, liv. 1. chap. 1. p. 49.

il fallait les renouveler plusieurs fois au cours de l'instance (1).

Aussi recommandait-on au défendeur de prendre copie des lettres de grâce de son adversaire, pour pouvoir lui opposer plus tard leur nullité, si au bout de chaque année elles n'étaient pas renouvelées (2).

La faculté de plaider par procureur étant une dérogation aux ordonnances, le roi seul devait avoir le droit de délivrer des *lettres de grâce*. « Au Roi seul appartient de donner et octroyer sauvegarde et *grâces à plaidoyer par procureur*, et lettres d'État, de nobilisation et de légitimation (3) ».

On remarque toutefois une certaine tendance de la part du parlement, de s'arroger cette attribution avec les profits qui en résultaient.

A en juger des Tables de Lenain, la Cour devait partager ce pouvoir avec loi roi. On lit dans un passage (4) que « le Roi *ou la Cour* permettaient anciennement de plaider par procureur ». Un peu plus loin (*ibid*, f° 307) on voit qu'en 1320 et 1323 le Parlement, par deux fois,

(1) GLASSON, *op. cit.*, p. 369.

(2) Grand Coutumier, p. 432 : « Le défendeur doit prendre copie de la grâce afin que par la date il voye quand ladicte date sera faillie, afin de le reprocher au procureur du demandeur, car à luy est à prouver quand elle est faillie. »

(3) Instruction donnée en 1372 pour la conservation des droits de souveraineté et de ressort dans la ville et la baronnie de Montpellier cédées par Charles V à Charles Ier roi de Navarre. Édit du mois de novembre 1400.

(4) T. de Lenain, t. XIV, f° 305.

se permit de « régler un certain nombre de personnes auxquelles la *grâce* n'était pas nécessaire ».

Enfin la formule d'une lettre de grâce (1) du 17 décembre 1338, délivrée au nom du roi, mais du *consentement de la Cour* est encore digne de remarque.

Quoi qu'il en soit, d'autres lettres de grâce (2) ne contiennent rien de semblable et paraissent émaner très nettement de la Chancellerie royale.

La formule, plus haut citée, ne serait-elle un tempérament du rédacteur, pour concilier les droits du Roi et les prétentions de la Cour ?

Les lettres de grâce devaient être exhibées par le procureur au même moment que son acte de procuration (3). Dans les pays du Midi, les lettres de grâce étaient inconnues. On suivait pour la représentation en justice, un système qui s'inspirait du droit romain (4). Ainsi on permettait au demandeur comme au défendeur de plaider par procureur, mais l'ancienne

---

(1) Placuit *curiæ nostræ* ac etiam procuratorio nostro... quod Johannes... possit in dicta curia nostra per procuratorem comparere ac defendere causam suam. » Archives de l'Empire. Lettres et arrêts (du Parlement) commençant le 27 novembre 1338, finissant le 26 août 1343, VIII, fº 3, Reg. X.

(2) Mai 1405, août 1409. O. L. IX p. 70 et 459.

(3) Sur la façon dont la procuration devait être donnée, sur sa durée, sur les pouvoirs du procureur etc., voir TARDIF. *Procédure civile et crim. aux XIIIᵉ et XIVᵉ siècles*, p. 27. BEAUMANOIR, op. cit.. Chap. IV, p. 78. BOUTEILLER. *Somme rural*. L. I t. X, p. 45. G. COUTUMIER. L. III, ch. 4, p. 392 et s.

(4) GLASSON, *op. cit.*, t. 6, p. 387.

coutume de Toulouse ne voulait pas qu'après la *litis contestatio* une partie pût constituer procureur, sans le consentement de l'autre.

Cette faculté des gens du pays de droit écrit de plaider par procureur sans lettres de grâce, les suivait même quand ils comparaissaient en pays de coutume. « Aux gens des pays de droit écrit, il suffisait d'avoir une procuration revêtue du scel d'un seigneur ayant justice » (1).

§ III. Dispense des lettres de grâce.

Du jour où la faculté de plaider par procureur cessa d'être un privilège, les grands personnages commencent à revendiquer à leur profit une autre faveur : la dispense des lettres de grâce. C'était un privilège fort recherché. Il n'était accordé primitivement qu'aux grands seigneurs. Le duc d'Aquitaine était autorisé à plaider, sans lettre de grâce, par procureur à la Cour du Roi (2). Le clergé de son côté essaya à maintes reprises, non sans succès, de se soustraire aux exigences du sceau royal.

Deux fois dans la même année en 1279, l'Archevêque de Rouen tenta de plaider par procureur sans

(1) *Pratique de Masuer* t. IV, p. 73 et 74, et les autres documents cités par Bataillard, *op. cit.* p. 124.
(2) GLASSON, *op. loc. cit.*, p. 368.

lettres patentes. Le Parlement se prononça négative-
ment (1).

L'archevêque s'adressa alors au Roi, et, par son cré-
dit sans doute, il obtint du souverain la permission
générale de constituer *attourné* par ses simples lettres
patentes, *tant qu'il plairait au Roi de maintenir cette
autorisation*, réserve qui sauvegarderait le principe.
En 1289 le Pape Nicolas IV dans une lettre adressée
au roi Philippe IV demanda pour les prélats du
royaume une liberté absolue de plaider par procureur, sous prétexte que la discipline ecclésiastique
nécessitait la résidence des prélats auprès de leurs
églises.

A la suite de cette démarche, le roi les autorisa ainsi
que d'autres personnages ecclésiastiques, à plaider par
procureur sans autorisation préalable, et ajouta même
que les causes des prélats seraient directement portées
au Parlement.

Il est à présumer que les dispenses de lettres de grâce,
très rares au commencement, devinrent peu à peu assez
nombreuses.

Une ordonnance de Juillet 1344, article 19, autorisa
les marchands étrangers à plaider, sans lettres de grâce,

---

(1) « Dictum fuit quod, sine gracia a Rege non poterat per suas
litteras facere Alternatum », *Olim*, II, p. 158, XV.

(2) H. BRESSLER, *Les titres au porteur français du moyen âge*,
dans la revue du droit fr. et étranger 1886, p. 13. Cpr. GLASSON
op., cit. *ibid*, p. 368 et les documents cités.

par procureur, devant les Cours des foires de Champa-
gne (1).

Le grand Coutumier nous cite une catégorie de personnes, au profit desquelles les lettres de grâce n'étaient
pas exigées : « A baillifs, vicomtes et officiers royaulx,
és noms de leurs offices, à tuteurs et curateurs et exé-
cuteurs de testaments, *ne fault point grâce*. Item aux
gens de religion, comme à ung prieur conventuel, et
au dessus comme évesques, prélats, chapitres, colléges,
villes et communes pour le faict de la ville ou de la
communauté d'icelle, ou université, aux barons qui
veulent comparoir, par procureur, comme acteurs, en
pays coustumier, ne fault point de grâce (2).

Ce droit était cependant assez souvent contesté, mais
le Parlement le maintenait toujours, ainsi que cela résulte de nombreux arrêts (3).

Le parlement donna toutefois gain de cause au
chapitre de Lyon, qui refusait aux habitants de cette
ville le droit de plaider par procureur. Mais ce fut plutôt à raison de la teneur et de la forme de la procuration, scellée d'un sceau nouveau, autre que celui de
l'archevêque (4).

On n'exigeait non plus ni procuration ni lettres de
grâce aux « *instiieurs et exerceiteurs* » ainsi qu'aux

(1) TARDIF *op. cit.*, p. 28.
(2). G. COUTUSHER, p. 433.
(3) *Olim*, 1, 467, V ; 694, I ; 741, VII.
(4) TARDIF, *op. cit.* p. 27. Ol. 1, 933, XXIV.

SPIRRIES   3

concierges des seigneurs qui gardaient leurs hôtels pendent leur absence. « Ceux (les institeurs et exerciteurs) sont à recevoir en Cour sans leurs maîtres au fait de leurs marchandises, *ne sans autre procuration ne lettres avoir* . . . .

. . . .

Si peux et dois savoir qu'encores sont les concierges d'aucun hostel à recevoir en Cour, pour les causes ou les necessitez à l'hostel appartenantes *sans qu'ils ayent autres lettres* ni procuration de leurs maîtres, fors la conciergerie (1). »

Les titres au porteur, que l'on pratiquait déjà au moyen âge (2), fournissaient un excellent moyen de plaider par procureur sans lettres de grâce.

Le porteur du titre, en fait mandataire du créancier, gardait naturellement occulte la cause de la détention de cette créance.

Il intentait l'action en son propre nom, comme s'il était créancier lui-même. C'était un mode de procéder auquel on avait souvent recours, et auquel Brunner attribue l'origine des titres au porteur.

Le porteur du titre était si bien considéré comme plaidant en personne et pour son propre compte, qu'il pouvait constituer procureur avec ou sans lettres de

(1) BOUTEILLER, *op. cit.* l. l. t. XII.
(2) Voir sur les titres au porteur au moyen âge l'étude, déjà citée, de BRUNNER, *suprà*, p. 69, note 1re.

grâce, selon qu'il était demandeur ou défendeur (1).

§ IV. Refus de lettres de grâce en matière criminelle.

La défense que nous avons constatée plus haut, de constituer procureur en matière criminelle, nous la retrouvons encore en vigueur. On ne délivrait pas de lettres de grâce pour les affaires criminelles.

Il convient dit Beaumanoir (p. 83) que « cil qui acuse « et cil qui est acusés viegnent à cort en propres per- « sones, sans envoier procureur ».

Mais ce principe subit encore quelques modifications, introduites par l'usage, puis admises par la loi, vers le milieu du xvᵉ siècle (2). Ainsi les accusés pouvaient à la fin prouver par procureur les causes d'essoine qui les empêchaient de comparaître, opposer des exceptions déclinatoires ou dilatoires, et même se défendre par mandataire, lorsqu'au lieu de peines corporelles, ils n'encouraient qu'une amende, mais il fallait à leur procureur un mandat spécial (3).

§ V. — Disparition des lettres de grâce.

A mesure que la procédure devenait plus compliquée,

(1) BOUTEILLER, op. cit., liv. I, 107. Cpr. livr. I, t. 11.
(2) BATAILLARD, op. cit., p. 923.
(3) Ord. d'avr. 1453, art. 3 et 36, où l'on voit des procureurs dans des affaires criminelles. GUY PAPE, quæst. 338.

l'usage de se servir de mandataires judiciaires, grâce à la vulgarisation des lettres de grâce, se généralisait.

On ne plaidait plus que par procureur, surtout depuis la constitution de Charles le Bel en 1324, qui mit à la charge de la partie perdante, comme accessoire de la créance, les honoraires du procureur de la partie qui triomphe (1).

Le principe de la non représentation restait, malgré tout, debout, et les lettres de grâce, quoique de pure forme, continuaient à être exigées. L'intérêt fiscal y était pour beaucoup; peut-être aussi les prétentions du Parlement (2) ne furent-elles pas étrangères à la continuation d'un tel état de choses. Le Parlement en effet ne devait pas voir avec plaisir l'abolition d'un usage, dont il espérait toujours s'attribuer le bénéfice. Aussi le voyons-nous, très libéral à l'octroi de dispense, qui, tout en conciliant les intérêts des plaideurs, sauvegardaient le principe; très sévère, au contraire, lorsqu'il s'agit de réprimer des tendances d'une suppression radicale.

C'est ainsi qu'un jour il motive la dispense de lettres de grâce sur la pauvreté de la partie; un autre jour sur un autre prétexte. Il lui arriva même en 1374 d'accorder pour six sols (3) une lettre de grâce. Dans la même année il déclara qu'aux grands jours de Troyes, il don-

(1) La règle victus victori in impensas etc., était en vigueur dans les cours d'Église depuis 1238.

(2) V. suprà, p. 63.

(3) BATAILLARD, op. cit., p. 103.

nerait des lettres de grâce. Cette libéralité fut répétée trois fois en 1376, 1381 et 1391 (1). Encouragés par ces exemples, les procureurs du Parlement, s'entendirent pour se passer de lettres de grâce, tout en faisant payer aux plaideurs le prix de leur expédition.

Des lettres patentes du 3 novembre rappelèrent les procureurs à l'observation de leur devoir, et les obligèrent à s'y engager par serment, qu'ils prêtèrent le 12 du même mois en audience solennelle.

Cet échec ne les empêcha pas cependant d'adresser, à l'ouverture du Parlement de 1414 (lundi 12 novembre), une requête à la Grande Chambre pour l'abolition des lettres de grâce, ou du moins, la diminution des droits que l'on percevait pour elles. Ils invoquaient leur commisération pour les pauvres, trop grevés par le droit (de six sous, tout en faisant observer que ces droits n'allaient pas à la Caisse du roi (2).

Il leur fut répondu victorieusement par l'organe de l'avocat du roi, d'abord que les pauvres étaient le plus souvent dispensés de ces lettres, ensuite que les droits, qui entraient ainsi dans les caisses du trésor, servaient à payer les gages des Chanceliers, audienciers, rapporteurs des lettres, notaires, chauffecire, etc., etc. La Cour se ralliant aux conclusions de l'avocat du roi, ordonna « Chambres assemblées, que ladite requête serait déchirée comme injurieuse ».

(1) Tables de Lenain, fo 318.
(2) GLASSON, op. loc. cit. p. 360.

Mais c'étaient les raisons, invoquées à l'appui de cette prétention, plutôt, que le fonds même de la demande, qui avaient irrité le Parlement.

Aussi, quand il a été mis en demeure par le Chancelier d'exiger l'exhibition des lettres de grâce, il répondit de mauvaise humeur « que les parties useraient à l'ordinaire » et ordonna au procureur du Roi « d'ainsi le souffrir sans aucune chose leur en demander durant la plaidoierie, le défendeur ne l'objectant pas (1) ».

A la suite de cette réponse, il paraît que la pratique des procureurs de ne pas se demander réciproquement les lettres de grâce, tout en continuant à en toucher les droits, prit un nouveau regain. Une dernière ordonnance « pour la reformation de la justice » est venue en avril 1453 endiguer un peu cet abus, en obligeant les procureurs, sous peine d'amende, d'avoir en main les lettres de grâce :

« Voulons et ordonnons que nostre dicte Court ne reçoive les dicts procureurs, à proposer avoir aucunes telles lettres (de grâce) de nous, *sinon qu'ilz les ayent en la main* et en facent prompte foy en jugement ; et défendons auxdicts procureurs que doresnavant ilz n'allèguent, ne facent alléguer avoir les dictes lettres sinon ce qu'ilz les ayent et en facent prompte foy ; *et ce sur peine d'amende arbitraire* laquelle voulons estre sur eux levée sans aucune grâce. »

---

(1) Tables de Lenain, fo 824 et 825.

Toutes ces dernières rigueurs, auxquelles le pouvoir avait recours pour retarder l'extinction d'une source de revenus, nous montrent que l'institution avait fait son temps, et que l'heure était venue où elle devait laisser la place à un principe plus logique, et plus conforme aux besoins de l'époque.

Le 15 janvier 1483, les Etats généraux assemblés à Tours, présentèrent au roi Charles VIII, parmi bien d'autres, les doléances suivantes.

« Item, semble aux dicts estats que les causes civiles chacune partie tant en demandant comme en deffendant és premières instances et és causes d'appel, *doivent estre receuls à plaider par procureur sans grâce* (1), etc. »

Le roi promit de mander « au premier jour » les personnes les plus éclairées de l'assemblée, pour discuter avec son conseil les principaux articles des cahiers qui lui étaient soumis. Sa réponse ne se fit pas attendre.

En effet, le 14 Avril 1484 il permit aux plaideurs de plaider par procureur sans lettres de grâce. Voici les termes de la réponse du roi. A l'article 17 « item semble queles causes civiles, etc ». Response « Accordé par le roy et veult que dorénavant ainsi se fasse » (2).

Toutefois, et malgré l'affirmation d'Henault (3), il

(1) *Anciennes lois françaises*, t. XI, p. 60 par ISAMBERT.
(2) ISAMBERT, *op. cit.* t. XI, p. 94.
(3) Abrégé chronologique, t. II, p. 414 : « *L'ordonnance faite sur la réquisition de ces états est la première qui ait permis à toutes sortes de personnes d'ester en jugement par procureur.*

convient de remarquer que nous ne possédons sur ce point qu'une *réponse* pure et simple du roi.

L'ordonnance relative, nous fait, à notre connaissance du moins, défaut, et il est à présumer que ladite réponse n'a pas été suivie d'une consécration officielle. Cette observation se concilie, du reste, très bien avec une ordonnance ultérieure, rendue sous François I⁽ᵉ⁾ le 13 janvier 1528 et qui proclame aussi l'abolition des lettres de grâce. En voici le premier article : « Avons authorisé et authorisons les procurations de toutes les parties qui auront constitué procureurs, s'ils ne sont révoquez et pourront iceux procureurs, par vertu des procurations anciennes ainsi authorisées occuper et procéder ès matières, sans qu'il soit besoin requérir autre authorisation. Et défendons iceux procureurs de ne plus requérir telles autorisations, soit en appelant les congez et défaux, et en plaidant sur peine de 20 sols parisis d'amende pour la première fois, et de 100 sols parisis pour la seconde, etc. ».

Quoi qu'il en soit, la vérité est que bien après Charles VIII on rencontre encore quelques exemples de lettres de grâce. Était-ce un abus de la part de quelques chancelleries ou bien la continuation d'une coutume non encore abolie ?

CHAPITRE TROISIÈME

LIBERTÉ DE SE FAIRE REPRÉSENTER EN JUSTICE

§ I. La représentation en justice après la disparition des lettres de grâce.

Nous venons d'assister à la disparition de la dernière entrave qui entourait encore le mandat judiciaire, et nous entrons ainsi dans une nouvelle période : celle de la libre représentation en justice.

Mais il convient de ne pas oublier, que le fait qui marque la transition entre les deux régimes, est tout simplement la suppression des lettres de grâce.

Si donc nous voulons nous faire une idée exacte de la façon dont se pratiquait la représentation en justice, même après l'ordonnance de 1484, il est nécessaire de faire quelques pas en arrière, et de jeter un coup d'œil

rapide, sur l'étendue et le rôle des mandataire *ad litem*
sous le régime des lettres de grâce.

Le procureur ne se substituait nullement à son client.
Il jouait, à peu près, le même rôle que le prolocuteur,
(*supra*, p. 14) avec la différence que son intervention
épargnait à la partie représentée la peine de comparaître
en justice.

Tout ce que le procureur faisait c'était au nom du
mandant, et c'est encore contre lui que le jugement
était prononcé.

Aussi voit-on à l'origine les plaideurs obligés de
venir en personne au tribunal, pour présenter leurs
mandataires devant les juges. De même, lorsque plus
tard cet usage gênant disparait, on voit le procureur
tenu de présenter, avant tout débat, son acte de procuration dûment légalisé (1).

Qu'est-ce à dire, sinon qu'il était bien entendu, à travers toutes ces formalités, que le rôle du procureur
n'était que celui de simple mandataire parlant au nom
de son client.

Telle devait être, du reste, la marche régulière des
choses.

Dans les législations anciennes on ne déroge, en effet,
aux principes traditionnels que dans la mesure du strict
nécessaire.

Lorsqu'à la défense absolue de faire intervenir dans

(1) BOUTEILLER op. cit., l. I, t. 10, p. 44, 46.

les procès des mandataires, les lettres de grâce vinrent apporter quelques adoucissements, et permettre la représentation après autorisation préalable, comprendrait-on que cette autorisation eût accordé au procureur le droit de se substituer complètement à son mandant?

S'il était urgent de permettre aux parties de se faire remplacer par quelqu'un à l'audience, il n'était nullement nécessaire d'effacer leurs noms dans l'instance.

Donner cette faculté aux procureurs, c'eût été admettre une dérogation beaucoup trop large, et sans aucun avantage pratique, ce qui est contraire à la marche de l'esprit humain.

Du reste, comme le dit très bien M. Naquet (1), si une pareille nouveauté s'était introduite, il y aurait eu des changements dans les formules, et les auteurs, à l'exemple des jurisconsultes romains dans un cas identique, les auraient très certainement signalés.

Dans un tel état de législation, quelle fut la réforme introduite par l'ordonnance de 1484?

Les termes des doléances (*supra*, p. 39) présentées au Roi par les États généraux, et à la suite desquelles la réforme en question a été décrétée, nous prouvent jusqu'à l'évidence, que le but de cette mesure fut la suppression de la formalité coûteuse des lettres de grâce.

Rien en ce qui touche les autres règles de la procuration, n'a été modifié. Le procureur continue à n'être

(1) Revue critique, 1875, p. 645.

qu'un mandataire pur et simple, tous les actes de procédure sont faits au nom de son client, et le jugement est toujours rendu comme si, à la place du procureur, il y avait le véritable intéressé.

De puissants motifs existaient du reste pour qu'il en fût ainsi. Sans parler de la difficulté éternelle de déraciner complétement une tradition dont l'origine est profonde, il importe de remarquer que les règles de la compétence variaient beaucoup à cette époque suivant la qualité des plaideurs.

Certaines personnes notamment pouvaient invoquer le privilège de *committimus* (1) qui leur permettait de soustraire leurs adversaires à leurs juges naturels, et de les attirer souvent fort loin devant telle ou telle juridiction. Dans ces conditions, la substitution absolue du procureur à la partie intéressée aurait plutôt servi comme moyen de vexation, et aurait donné satisfaction à des intérêts peu légitimes.

Enfin le désir d'humilier la morgue des Grands, et de leur faire sentir la suprématie royale n'était pas une circonstance favorable à l'effacement des plaideurs derrière leur représentants judiciaires.

Ainsi donc même après l'abolition des lettres de grâce, il reste encore interdit de confier la poursuite judiciaire d'un droit à un tiers pour qu'il agisse *en son nom personnel*.

(1) NAQUET. *Op. cit.*, p. 646.

En d'autres termes l'ancien principe de la non-représentation se dédouble, et de la défense absolue de plaider par procureur, il ne reste que la défense de plaider par un procureur *qui fait le procès sien.*

Et quand vers le milieu du XIV° siècle nous voyons Henri II permettre à la reine de plaider par procureur (1), nous sommes autorisés à conclure que l'ancienne maxime « Nul ne plaide par procureur » s'est conservée, pour signifier qu'il est interdit de faire valoir son droit en justice *au nom de son procureur.*

C'est avec cette portée là que le droit moderne a recueilli la maxime. « Nul ne plaide par procureur ».

C'est un point que nous ne devons pas perdre de vue pour la solution des difficultés que nous pourrons rencontrer plus loin.

Le sens que nous venons d'assigner à la maxime est aussi constaté par plusieurs jurisconsultes de l'ancienne époque.

Voilà comment s'exprime Ferrières dans son dictionnaire de droit et de pratique (v° Plaider par procureur) : « *Plaider par procureur,* c'est mettre un procureur pour plaider en son lieu et place, *sous le nom de qui se fait toute l'instruction et sous le nom de qui se rend le jugement* qui intervient en conséquence... Tous les autres sont obligés d'agir eux-mêmes et quoiqu'ils se

(1) L'ordonn. d'Henri II du 30 mars 1549, est le premier monument que nous possédions relativement aux procureurs, depuis l'abolition des lettres de grâce.

servent du ministère des avocats et des procureurs, c'est toujours en leur nom que sont faites toutes les procédures. Ainsi *cela ne s'appelle pas plaider par procureur puisque tout se fait au nom de la partie et non pas au nom du procureur ;* Attendu que le jugement est prononcé pour ou contre le demandeur ou le défendeur et non pas pour ou contre les procureurs, qu'ils ont constitués pour occuper pour eux ».

Le passage suivant de Janety (1) est encore digne d'attention : « A Rome on plaidait sous le nom du procureur ; la sentence était également rendue en son nom, comme nous l'apprend la loi I Cod. De *sententiis et interlocutionibus omnium judicium* ; en France, les procès sont intentés et poursuivis, les réquisitions sont faites, les jugements sont rendus au nom des parties ; Lebret, dans son *Traité de la souveraineté du roi,* livre III chap. X, atteste, et c'est une maxime en France qu'il n'y a que le roi, la reine et le successeur à la couronne qui plaident par procureur ».

On pourrait enfin citer un dernier passage de Serres (2), aussi formel que les précédents :

« Nous ne suivrons pas le droit romain dans la loi I Cod. de *Sentent.,* et par lequel, non seulement l'instruction des procès se faisait au nom des procureurs, mais encore les sentences ou jugements étaient rendus

(1) JANETY. *Commentaire sur le règlement de la Cour du Parlement de Provence de 1672,* t. 1, p. 98.

(2) SERRES. *Les Instituies du droit français,* p. 414.

contre les procureurs, et non contre les parties : car en
France, quoique l'instruction se fasse par le ministère
des procureurs, c'est toujours au nom de la partie ; et
c'est aussi contre la partie que les jugements ou arrêts
sont prononcés.

§ II. **Exceptions à la nouvelle défense de « plaider par
procureur ».**

Avant de quitter l'ancien droit, disons quelques mots
sur l'exception faite en faveur du roi. Elle ferme la
seconde moitié de notre maxime (hormis le roi) et
elle continue d'être vraie même après le changement
que le sens de l'adage a subi.

On se souvient que sous le régime absolu de la non
représentation, le roi et quelques autres personnages,
bénéficiaires d'une faveur royale, plaidaient par procureur. Mais il importe de remarquer que ces dernières
personnes, pour pouvoir se servir de mandataires judiciaires, n'étaient pas, au point de vue de la représentation en justice, au même niveau que le roi.

Nous croyons que de tout temps les souverains, non seulement *plaidaient par procureur* dans le sens primitif
de la maxime, mais même substituaient complètement
leur personnalité à celle du procureur, qui faisait ainsi
le procès sien.

Les motifs, en effet, qui justifient, dans le dernier
état du droit, cette restriction en faveur du roi, exis-

taient, et à un degré plus élevé, aux premiers temps de
la monarchie, où la royauté gardait encore sa puissance
absolue.

Il était déjà plus vrai qu'aujourd'hui de dire, que le
prestige de la souveraineté s'opposait, non seulement à
ce que le roi ne descendît pas en personne devant les
juges, mais même que son nom ne fût pas traîné dans
les débats judiciaires (1).

C'est ainsi, nous semble-t-il, que l'on pourrait expliquer la survivance de la seconde partie de la maxime,
même au moment où celle-ci avait changé de sens.

Le roi, jouissant de tout temps du droit de la représentation *absolue* aussi bien que de celui de la représentation *simple*, il était toujours vrai dire, que son
cas faisait exception ; non seulement quand l'interdiction
portait sur ce dernier genre de représentation, mais
même quand elle ne s'appliquait plus qu'au premier
(représentation absolue).

Ferrière (*op. loc. cit.*) nous apprend, que le privilège
du roi fut étendu aux seigneurs hauts justiciers, parce
qu'ils étaient investis par le roi de la puissance de juger sur leurs terres.

Mais ce droit ne leur appartenait que lorsqu'il était
question des droits de leur seigneurie, et dans leur jus-

---

1. Nous nous sommes gardé, à dessein, de faire la moindre allusion sur ce point en parlant au début (ch. I, § IV, p. 15) de
l'exception du roi, ne voulant pas nuire à la clarté de notre exposé,
par des distinctions peut-être encore prématurées.

tice. « On ne trouve pas bon, disait Loiseau, qu'un seigneur soit *nommé* en ses causes, mais il faut qu'un
procureur fiscal soit en qualité, comme si c'était la seigneurie qui plaidât et non le seigneur, afin d'ôter une
marque d'impression ». Enfin, comme nous l'avons dit
plus haut, le privilège du roi fut étendu à la reine.

Le premier juin 1549, Henri II écrivit au Parlement
de Paris, qu'il lui plaisait que la reine fut reçue à plaider, comme lui, par procureur.

Les termes de cette déclaration méritent d'être repro-
duits : « Henri..... à nos amés et féaux conseillers,
tenant notre cour de parlement à Paris, salut et dilec-
tion. Comme nous avons été avertis que sous couleur
de ce que communément nul n'est reçu en notre dite
cour de parlement à plaider par procureur que nous,
*l'on fait difficulté de recevoir notre très chère et très
aimée compagne la reine*, à laquelle nous avons, par ci-
devant baillé et délaissé le gouvernement, administration et entière disposition de tous ses pays, terres et
seigneuries, à y plaider par le sien, la voulant faire plaider et procéder comme les autres privés, qui serait chose
malséante et indécente. Pour ce est-il que nous voulons
que non seulement en ce regard, mais aussi en tout ce
que notre dignité royale est et peut être communiquée
à notre dite compagne, *elle jouisse et use de pareils et
semblables privilèges que nous* : de notre certaine
science, propre mouvement, pleine puissance et autorité
royale, avons dit.... que notre dite compagne, soit reçue

et la recevons à plaider en notre dite cour par son dit procureur, comme nous par le nôtre... etc. »

Cette déclaration n'a cependant pas été enregistrée purement et simplement. Le Parlement de Paris (30 nov. 1549) y a mis la clause, que le procureur général de la reine serait tenu, dans toutes les causes où il plaiderait au nom de sa commettante, de décliner son nom propre d'abord, et de ne placer qu'après son titre de procureur général de la reine (Merlin, *rep. v. Plaider par Procureur*). Mais à en croire Dutillet, ce privilège de la reine est bien plus ancien que la déclaration ci-dessus. Voici en effet ce que l'on lit dans son *Recueil des rois de France* (p. 182). « Plaident (les reines) par leur procureur général, comme fait le Roy par le sien, *non seulement depuis la déclaration faite par le Roy Henry le 30 nov. 1519 mais auparavant*. Et est institué ès registres du Parlement des 10 juin 1387, 18 may, 4 et 6 juin 1401, 28 août 1415 et plusieurs autres ». Pour concilier ces deux documents, en apparence contradictoires, il faut supposer que cette pratique existait déjà, mais que le Parlement élevait souvent des doutes, sur la légitimité d'un tel procédé. C'est pour couper court, alors, à ces difficultés, qu'Henry III aurait adressé au Parlement ladite déclaration.

Quelques passages du reste que nous avons soulignés à dessein, du document en question, rendent vraisemblable cette explication.

Le privilège de plaider par procureur, réservé à la couronne de France comme une marque de la souveraineté, fut toujours refusé aux monarques étrangers.

On trouve dans une note de Tournet sur l'article 124 de la coutume de Paris, un arrêt du 12 mai 1581, rendu au profit du roi de Navarre, comte de Marle, dans une affaire qu'il avait poursuivie en son propre nom.

Le 4 décembre suivant, il en a été rendu un autre, dans les qualités duquel le duc de Lorraine paraît également en son nom personnel. (V. l'art. 124. *Coutume*, § 1.)

Enfin, par un arrêt du parlement de Metz du 29 janvier 1697, rapporté dans le recueil d'Augeard, tome I, § 180, il a été refusé au roi de Suède, intéressé dans la succession du prince de Veldens, de plaider sous le nom de la princesse palatine.

Voici, en ses grandes lignes, l'état de notre maxime, après l'abolition des lettres de grâce.

Nous ne croyons pas nécessaire d'insister plus long-temps sur l'ancien droit : la maxime étant passée intacte à notre législation, nous nous verrions souvent dans la nécessité de tomber dans des redites.

Hâtons-nous d'arriver au droit moderne ; nous aurons là l'occasion d'examiner la maxime, une fois pour toutes, dans tous ses recoins, et de chercher la solution de toutes les difficultés que son application fait naître.

APPENDICE

Aperçu de quelques opinions différentes sur l'origine de la maxime.

Nous avons réservé, à dessein, pour la fin, l'exposé rapide de quelques théories opposées sur l'origine de la règle « Nul ne plaide par procureur ».

Ainsi qu'on le verra tout à l'heure, elles ne sont pas d'une vraisemblance incontestable.

Aussi, avons-nous préféré de suivre notre démonstration, sans nous préoccuper dès le début, de ces divergences. Le moment est venu d'en parler : mais l'historique que nous venons de tracer, fera mieux saisir le peu fondé de tous ces systèmes, et rendra la comparaison plus facile. Et d'abord M. Bonjean, dans son *Traité des Actions* (t. II, p. 492) attribue à la maxime « Nul, etc. » une origine romaine :

« La maxime prise dans son ensemble nous paraît, dit-il, pouvoir être expliquée comme un *souvenir du droit romain* combiné avec une règle d'étiquette monarchique. On se souvient que l'ancien procureur romain prenait tellement la place du représenté, que la condamnation était prononcée au profit ou contre le procureur personnellement : on se souvient aussi que cette règle avait fini par être remplacée par la règle contraire : supprimée directement par les procureurs à mandat certain, elle le fut indirectement pour les autres procureurs, par suite du principe nouveau qui ne permet plus qu'une action puisse être intentée par negotiorum gestor. On était ainsi arrivé à ce principe que la condamnation doit toujours être prononcée au profit ou contre la partie intéressée, jamais contre son procureur, principe qui comme tant d'autres, survécut dans les provinces d'Occident à la chute de la puissance romaine ».

Cette argumentation ne tient pas debout. Il est d'abord inexact de dire, que la procuration absolue du droit classique fut remplacée, au Bas-Empire, par la *règle contraire*.

S'il est vrai, qu'avec le temps, les règles avaient changé en ce sens, que l'action judicati n'était plus donnée contre ou au profit du mandataire, mais contre ou au profit du mandant ; s'il est également vrai qu'à l'avenir c'était le mandant qui devait fournir les cautions que la nature du procès pouvait rendre nécessaire ; il est aussi exagéré de soutenir que la personne du mandataire s'effaçait complétement du débat, pour mettre celle du mandant en relief, et que le mandataire jouait un rôle analogue à celui de nos avoués modernes (1).

Ensuite, et c'est là un argument décisif, ce qui prouve que la maxime ne tire pas son origine du droit Romain,

____

(1) Naquet. *Op. cit.*, p. 640.

mais du droit germanique, c'est qu'elle était exclusivement suivie, comme nous l'avons vu, dans les pays de coutume et non dans les pays de droit écrit, ni devant les tribunaux ecclésiastiques, qui s'inspiraient visiblement du droit Romain.

Troplong, dans sa préface du *Mandat*, donne une autre explication. Voici comment il s'exprime :

« Lorsque les prétentions féodales rivalisaient avec les privilèges de la royauté, des hommes puissants , mais qui malgré leur puissance n'étaient que des sujets, croyaient s'abaisser en s'inclinant devant la justice du roi, et à l'imitation du monarque qui n'agit que par ses procureurs, ils cachaient leur orgueil derrière un procureur fondé, qui parlait en son propre nom. C'est cette vanité aristocratique que le Parlement voulut châtier en obligeant tous les vasseaux, même les plus grands, à reconnaître la supériorité de la justice royale et à faire acte de soumission personnelle et nominative devant elle. »

L'opinion de Troplong est peut-être bonne pour expliquer, en partie le maintien de la maxime ; mais elle est insuffisante pour lui servir, à elle seule, de fondement.

La règle « Nul, etc. » en effet, dans le sens que Troplong l'envisage, c'est-à-dire, pour employer notre façon de voir, en sa dernière évolution, est trop jeune, pour l'origine que l'éminent jurisconsulte veut lui attribuer.

Car n'oublions pas que la maxime ne nous apparaît

pour la première fois que vers le milieu de xvi° siècle,
(*supra*, p. 45), tandis que le désir d'humilier la morgue
des grands et de leur faire sentir la suprématie royale,
devait exister bien avant, alors que les rois, faibles
encore, luttaient contre la féodalité.

Par quelle raison aurait-on attendu, pour se créer
des moyens de réaction, juste le moment où l'on n'en
avait plus besoin ?

Enfin une troisième opinion, mise en avant par M. Dalloz (Répertoire, v° action n° 266), attribue l'origine de
notre maxime à l'institution des procureurs en titre officiel, auxquels ont succédé les avoués d'aujourd'hui.

« La création de ces officiers, y est-il dit, qui furent
d'abord infiniment multipliés, et dont le nombre a été
limité pour la première fois par l'ordonnance de Louis XII,
de mars 1498, *a dû nécessairement* amener la suppression des noms des mandataires dans les actes judiciaires
où ces noms faisaient double emploi et confusion avec
ceux des procureurs ou avoués. »

J'avoue ne pas saisir l'esprit d'une telle explication.

Quelle influence d'abord la reconnaissance officielle
des procureurs, existant en fait depuis longtemps, pourrait exercer contre le principe de la représentation en
justice ?

Ensuite le résultat poursuivi suivant M. Dalloz, savoir « *la suppression des noms des mandataires dans
les actes judiciaires* » par la défense de *plaider par
procureur*, n'est nullement obtenu

Cette maxime, encore une fois, loin d'écarter les mandataires ordinaires qui font valoir leur qualité, en apposant leurs noms à côté de ceux de leurs mandants, elle repousse au contraire ceux qui agissent comme s'ils étaient titulaires du droit litigieux, omettant de faire figurer à côté de leurs noms celui du véritable intéressé.

On voit que la *confusion* redoutée existe plutôt dans le premier que dans le second cas, et la maxime « Nul, etc. » sert, à ce point de vue, plutôt à augmenter qu'à diminuer les complications.

FIN DE LA PREMIÈRE PARTIE

DEUXIÈME PARTIE

DROIT MODERNE

CHAPITRE PREMIER

EXISTENCE ACTUELLE DE LA MAXIME

La maxime « Nul ne plaide par procureur, hormis le roi » ne constitue pas une application du droit commun.

Elle porte atteinte, en un double sens, aux principes fondamentaux du *mandat* :

D'abord, au point de vue du fond, il est reconnu que dans le mandat ordinaire, le mandataire peut agir aussi bien en son nom, qu'au nom de son mandant. On sait déjà, au contraire, et nous le reverrons encore, que la maxime « *Nul ne plaide*, etc. », s'oppose à ce qu'un mandataire *ad litem* agisse autrement qu'au nom de son commettant.

En second lieu, en ce qui touche à la forme, notre

maxime s'éloigne encore des principes du mandat, d'après lesquels il n'est pas indispensable que le nom du mandant figure dans les actes passés par le mandataire (arg. a contrario des art. 2005 et et 2009, c. c.).

Il est au contraire d'une importance capitale, que le nom du mandant ne soit pas omis dans les actes de procédure.

Nous sommes donc en présence d'une règle dérogatoire au droit commun. Toutes les solutions, par conséquent, auxquelles nous aurons à nous arrêter, doivent présenter le caractère rigoureux, qui convient aux exceptions.

Et d'abord cette maxime existe-elle encore ?

Si nous nous rapportons au code de procédure civile, nous voyons que l'article 61, § 1, parmi les autres formalités auxquelles il soumet l'exploit d'ajournement, exige, en outre, la mention du nom du demandeur.

Mais cette mention ne paraît nullement faire allusion à la règle qui nous occupe car, si elle est exigée par la loi, c'est pour permettre uniquement au défendeur de connaître son adversaire ; mais quel sera cet adversaire, le représentant ou le représenté ? c'est ce que la loi n'a pas voulu nous dire.

Si le code est muet, la coutume, non plus, ne peut servir d'appui à notre maxime. Aux termes en effet de l'article 1041, C. de procédure civile « toutes les lois, coutume, usages et règlements relatifs à la procédure civile

sont abrogés ». Il est vrai que la jurisprudence continue
depuis le code, à appliquer cette maxime, et on pourrait
soutenir que nous sommes en présence d'une coutume
postérieure au code. En laissant de côté la question
touchant à l'exercice du pouvoir législatif, nous pourrions tout de suite répondre, que les premiers arrêts
qui ont consacré la maxime n'avaient pas devant eux
la moindre tradition, et ne doivent pas par conséquent
être pris en considération.

Mais alors quelle est la disposition qui a sauvé cette
maxime de l'abolition générale, et pourquoi la jurisprudence continue-t-elle à l'appliquer encore? C'est ici le
lieu de se souvenir que la maxime « Nul etc. » contenait
une exception en faveur du Roi : or, cette exception a
été reproduite par nos lois. Ainsi aux termes de l'article 69, n° 4, code procédure civil, le Roi pour ses domaines doit être assigné en la personne du procureur
du roi de l'arrondissement.

La loi du 8 novembre 1814 (art. 14) sur la dotation
de la couronne, porte que « Le ministre de la maison
du roi ou l'intendant par lui commis, exerce les actions judiciaires du roi, et c'est contre lui que toutes
les actions à la charge du roi sont intentées et les jugements prononcés.

La loi du 2 mars 1832 consacra le même principe,
mais avec une distinction qui tenait à des idées nou-
velles; l'article 27 de cette loi dispose, que les actions
en question seront formées par l'intendant du domaine

de la couronne, ou par l'intendant du domaine privé, si les actions intéressent ce dernier domaine, et seront également dirigées contre eux.

L'article 22 du sénatus-consulte du 12 décembre 1852 portait aussi : « Les actions concernant la dotation de la couronne et le domaine privé sont dirigés par ou contre l'administrateur de ce domaine. »

Qu'est-ce à dire, sinon que la loi reconnaît tacitement l'existence de la règle en question, puisqu'elle éprouve le besoin de faire une loi toutes les fois qu'elle veut y déroger ?

Cette argumentation n'est pas admise par tout le monde.

M. Naquet (op. loc. cit.) prétend que les textes que nous avons mentionnés, prouvent bien que le roi peut plaider par procureur, mais ce ne serait là que l'exercice d'un principe général et commun plutôt, que d'un droit exceptionnel.

Pour lui ces textes s'expliquent très bien, si l'on suppose la libre représentation en justice. Il est très naturel, dit-il, que dans une telle législation la loi ait désigné le représentant judiciaire du souverain.

La loi ne nomme-t-elle pas les mandataires des mineurs, des interdits, des faillis, etc. ? et pourtant la désignation de ces mandataires légaux, n'a jamais fait songer au principe de la non représentation en justice.

Il nous semble cependant que la situation n'est pas la

même, et que mettre sur le même pied la personne du souverain et celle des incapables, c'est tenir peu compte de la différence qui les sépare.

La loi a toujours le devoir de désigner au préalable le représentant des personnes qui par leur situation ne peuvent comparaître en justice.

Quel besoin y avait-il d'imposer d'avance au souverain un représentant, sous une législation où la représentation est admise ?

Si la dignité du roi s'oppose à ce qu'il descende à des luttes judiciaires, libre à lui de se nommer un mandataire, toutes les fois que l'occasion se présente.

Quel que soit, du reste, le parti que l'on prenne sur ce point, la question nous paraît résolue par deux lois postérieures, celle du 21 mai 1865 qui permet aux associations syndicales libres ou autorisées d' « ester en justice par leurs syndics » (art. 3), et celle du 24 juillet 1867 aux termes de laquelle « toute société à capital variable, quelle que soit sa forme, sera valablement représentée en justice par ses administrateurs » (art. 53), et qui autorise, en outre, les actionnaires d'une société en commandite à plaider contre les gérants ou les membres du conseil de surveillance, par l'intermédiaire d'un ou plusieurs mandataires (art. 17).

Ainsi que nous aurons l'occasion de le voir plus loin, il a été parfaitement entendu au cours de la discussion desdites lois, que c'était pour remédier aux inconvénients résultant de la maxime « Nul etc. », qu'elles avaient été proposées.

La maxime « Nul etc. » a donc sous nos lois force obligatoire.

CHAPITRE DEUXIÈME

SENS DE LA MAXIME

§ 1. Sens en général de la maxime.

Prise aujourd'hui à la lettre, la règle « Nul ne plaide etc. » serait le contrepied de la vérité, puisqu'il est certain, au rebours de ladite maxime, que nul en France ne peut plaider sans procureur, c'est-à-dire sans avoué, que le roi seul ne serait pas tenu d'employer le ministère de ces officiers publics, parce qu'il a pour représentants les fonctionnaires du ministère public.

Mais l'origine que nous avons assignée à notre maxime, nous donne la clef de sa véritable signification. Nous avons vu que la règle « Nul ne plaide, etc. » n'est qu'un vestige de l'ancien principe interdisant, d'une façon absolue, la représentation en justice, et qu'après la disparition de cette rigueur, elle est restée pour signifier que le mandataire judiciaire, désormais toléré, ne doit jamais faire le procès sien, et éclipser complètement, derrière sa personnalité, le nom du véritable intéressé.

C'est bien aussi sa signification actuelle.

Revenons-y cependant une dernière fois, ne fût-ce que pour en déterminer, plus minutieusement, sa véritable portée, et relever quelques erreurs qui, revêtues du nom d'auteurs respectés, n'ont pas manqué, en leur temps, de trouver écho jusque dans la jurisprudence. Suivant Merlin (1), cette règle peut être entendue de deux manières différentes. Elle signifie d'abord que personne ne peut agir en justice pour les intérêts d'autrui en qualité de *negotiorum gestor*, et que pour pouvoir poursuivre en justice le droit d'un tiers, même sous son nom, il faut y être autorisé par une procuration expresse ou implicite.

Ici le grand jurisconsulte est dans l'erreur. Sans doute le principe qu'il pose est certain ; personne ne peut soutenir, soit en demandant soit en défendant, le procès d'autrui, sans être muni d'un mandat spécial. Mais cette règle, conséquence des principes du mandat, est si peu l'application de la maxime « *Nul ne plaide* etc. », qu'elle existait en droit romain, même à l'époque où la représentation judiciaire était pleinement admise (2). Cette doctrine fut reproduite dans un certain

---

(1) Quest. de droit. Vº Prescription, § 15.
(2) Cpr. les passages, plus haut cités, de Serres (p. 46) et de Bonjean (p. 50).

nombre d'arrêts. Ainsi on lit dans un arrêt de la Cour de Bordeaux du 21 février 1831, D. 31, 2, 191) : « Attendu que la maxime ainsi que l'enseigne Merlin... peut être envisagée sous deux rapports, elle enseigne en premier lieu que pour représenter une personne en justice, il faut un pouvoir *ad hoc*, ce qui exclut le *negotiorum gestor*, etc. » (V. aussi Cass, 6 avril 1831, D. 31, 1, 137).

La seconde signification que Merlin attribue à la maxime est la seule vraie et conforme à son origine. Elle est aujourd'hui adoptée par tout le monde, et pourrait se résumer ainsi : Nul ne peut se faire représenter en justice par un mandataire qui figurerait seul dans l'instance ; le nom du véritable intéressé doit toujours figurer dans les actes de procédure, et c'est contre lui, ou en sa faveur, que le jugement doit être rendu. Cette formule, si simple en apparence, a encore soulevé quelques difficultés. Pour les uns, il importe que l'indication du mandant se trouve avant celle du mandataire. Ils regardent donc comme nulle une assignation ainsi conçue : *A la requête de Secondus agissant comme procureur de Primus*, suivant eux, il aurait fallu dire : *A la requête de Primus poursuite de Secondus son mandataire*.

D'après une seconde opinion, il est indifférent que le nom de la partie intéressée figure ou non au premier plan. Le vœu de la loi est rempli, si les poursuites ont lieu sous la direction, au profit et sous la responsabilité du maître de l'action.

De ces deux opinions quelle est la meilleure? Tout
le monde est aujourd'hui d'accord pour déclarer, que la
première opinion se concilie très peu avec l'esprit de
notre législation. « Nous ne vivons plus, dit Bonjean (1),
sous la procédure des actions de la loi pour que la validité d'actes sérieux puisse perdre d'un certain arrange-
ment des mots, quand d'ailleurs le sens est le même ».

« Ce sont là des susceptibilités ridicules, fondées
sur une application très vicieuse de la prétendue règle
Nul, etc. dit Colmet Daage. »

Il fut cependant une époque où cette opinion était
favorablement accueillie par la jurisprudence (*infra,*
p. 70) et où elle avait ses partisans. On trouve dans
les conclusions de l'avocat général Boucher, données
à propos de l'intervention d'un individu qui se préten-
dait agent du prince Pie de Savoie, des considérations
de ce genre (P. 9,448) :

Dans le cas où l'ajournement est fait à la requête
de Primus, poursuites et diligences de Secondus son
mandataire, « c'est aux huissiers et aux avoués à s'assurer, sous leur responsabilité, de l'existence et de la légitimité des pouvoirs du mandataire ».

Tandis que si l'ajournement est rédigé à la requête de
Secondus mandataire de Primus, « ce seraient les tribunaux qui devraient s'enquérir de la validité du mandat ; et de cette manière ils consumeraient en pure perte

(1) Bonjean. *Op. cit.,* t. II, p. 491.

un temps précieux, ils accroîtraient sans nécessité le volume des feuilles d'audience ; ils obligeraient les parties à des frais d'expédition très onéreux. »

M. Bioche (1) est partisan de la même théorie, mais pour des raisons différentes. Pour lui, il y a ici autre chose qu'une difficulté de mots ; c'est tout à la fois une question de responsabilité et de désaveu. Lorsque l'officier ministériel déclare agir à la requête de Primus (mandant) poursuites et diligences de Secondus (mandataire), il est *présumé* avoir reçu un mandat de Primus : l'adversaire ne peut exiger aucune justification de ce mandat ; le jugement que ce dernier obtiendra contre Primus obligera ce dernier, sauf à lui à exercer une action en désaveu contre l'officier ministériel, qui aura lui-même un recours contre Secondus, dans le cas où il aurait été chargé par ce dernier sans mandat de Primus. Au contraire, si l'exploit est formulé à la requête de Secondus, mandataire de Primus, l'officier ministériel *n'est plus présumé* avoir reçu un mandat de Primus ; l'adversaire peut se refuser à plaider, jusqu'à ce que l'avoué déclare qu'il occupe pour Primus. Le jugement que l'adversaire obtiendrait, en l'absence de cette déclaration préalable, ne serait pas obligatoire contre Primus ; il ne lui serait pas nécessaire d'intenter une action en désaveu contre l'officier ministériel.

Ce raisonnement devient inexact à force d'être subtil.

(1) *Dictionnaire de procédure*, V° *Exploit.*

Il est trop judicieux de dire que dans le cas où le nom du mandant précède celui du mandataire, l'avoué est censé tenir ses pouvoirs directement du mandant, tandis que, dans le cas contraire, cette présomption n'existe pas en sa faveur.

Du moment que la qualité du mandataire n'offre plus de doute, chose que l'on doit toujours vérifier, et que la situation respective des parties, mandant et mandataire, est mis au clair, quel que soit l'ordre dans lequel l'exploit est rédigé, l'avoué peut être sûr de tenir ses pouvoirs du mandant en vertu de la règle *qui mandat ipse fecisse videtur*. Le mandat qui autorise le mandataire à agir en justice pour autrui, comprend aussi celui de choisir un avoué, premier pas dans tout débat judiciaire. On pourrait même ajouter que le plus souvent, c'est pour éviter les difficultés de ce choix et les relations qu'il entraîne, que les parties ont recours à un mandataire.

A notre avis, la controverse est sortie de son cadre.

Il est hors de doute, que sur le terrain de la logique cette dernière opinion ne tiendrait pas longtemps debout. Les termes sacramentels ne sont plus de notre époque, et on serait mal venu à plaider en leur faveur.

Mais est-ce seulement la logique et l'opportunité de telle ou telle explication, qui doivent ici nous guider ? N'oublions pas que nous ne sommes pas en présence d'un nouveau texte législatif, livré aux interprétations des jurisconsultes modernes, mais devant une maxime

plusieurs fois séculaire, que le législateur, tacitement et
sans y toucher, a accueillie parmi nos lois.

Il n'appartient donc pas aux jurisconsultes d'aujour-
d'hui de l'expliquer à leur guise et selon les besoins du
moment, mais d'essayer de découvrir son ancienne
acception.

C'est donc plutôt de ce côté là, que leurs recherches
auraient dû se porter. Pour nous, malheureusement,
bien que notre conviction soit que l'ancienne pratique
était celle que l'on condamne aujourd'hui, il nous a été
impossible de fournir sur ce point des documents sérieux. Nous nous contenterons d'invoquer le témoignage *indirect* de Rodière (1) qui partisan de la théorie contraire, semble oublier que la maxime d'aujour-
d'hui et celle de l'ancien droit, n'en font qu'une :

« *On eût peut-être décidé autrement*, dit-il, *autrefois*,
parce que les parlements et les autres juges tenaient à
l'honneur d'obliger les plus grands seigneurs à leur demander justice en personne et à reconnaître ainsi la
suprématie de la justice sur toute autre supériorité
sociale. »

« *Mais aujourd'hui* que les citoyens sont égaux devant
la loi et devant le magistrat qui en est l'organe, nul assu-
rément ne saurait se soustraire à cette égalité, et une
aussi folle pensée ne saurait se supposer, parce qu'on
aurait dit dans l'ajournement qu'il est fait à la requête

(1) *Cours de compétence et de procédure.* T. 1, p. 190.

du mandataire au lieu de dire qu'il est fait à la requête
du mandant. »

On pourrait encore rapprocher avec intérêt la clause,
plus haut mentionnée (supra p. 50), par laquelle le
parlement jugea bon de restreindre la faculté accordée,
sur la déclaration d'Henri II, à la reine de plaider par
procureur. On y verra, dans un autre ordre d'idées,
que l'état d'esprit de cette époque, était coutumier à des
nuances que l'on qualifie, naturellement, aujourd'hui
de ridicules.

La jurisprudence adopta aux premiers temps ce système mais pas pour les mêmes motifs (1). A ses yeux
c'était l'interprétation stricte de la règle qui la voulait
ainsi. Par un arrêt du 23 déc. 1830 la Cour de Nîmes
décida que tout acte signifié *à la requête d'un mandataire*, alors même qu'il serait exprimé que le mandataire
n'agit qu'en cette qualité, et que d'ailleurs le mandant
y serait désigné par ses noms et prénoms, viole la règle
« Nul, etc. » pour les raisons suivantes : « Attendu que
le mandataire, malgré sa constitution légale, et la volonté même la mieux exprimée de son mandant, ne
peut dans aucun cas, substituer son action à celle de
ce dernier ; qu'il faut toujours que les parties agissent
ou se défendent en leurs noms personnels, et que ce soit
toujours nominativement contre elles que les jugements
soient rendus, etc. »

(1) Aix, 10 fév. 1830. P. 6, 645. Rennes, 30 avril 1844. P. 9, 655.

Ainsi donc d'après cette jurisprudence, la possibilité d'une condamnation nominative contre le véritable intéressé, condamnation que même les partisans du système contraire reconnaissent comme exigée par la maxime « *Nul ne plaide, etc.,* » est incompatible avec un exploit signifié *à la requête du mandataire*.

C'est la seule raison qui la sépare du système opposé. C'était vraiment une raison peu fondée. Aussi ne tarda-t-on pas à l'abandonner. On a remarqué, en effet, qu'un exploit d'assignation fait à la requête du mandataire en cette qualité, et dans lequel les noms, profession et domicile du mandant auraient été indiqués, peut être considéré comme fait à la requête du mandant lui-même. La mention du nom du mandataire est alors considérée comme une superfétation, qui ne doit pas vicier un acte autrement complet par les autres énonciations qu'il renferme ; on applique en ce cas le principe bien connu : *utile per inutile non vitiatur*. Toutefois, il faut que l'exploit soit de nature à demeurer parfait, une fois retranché, comme superflu, le nom du mandataire.

On pourrait citer plusieurs arrêts où cette façon de voir est mise en application.

Ainsi il a été décidé : 1o que la règle « Nul ne plaide, etc. » ne met point obstacle à ce qu'une surenchère soit formée *à la requête d'un mandataire*, si celui-ci a déclaré dans l'acte les noms et prénoms du mandant pour le compte duquel il a agi (Bordeaux, 21 févr. 1851 aff.

Martin. D. 51, 2, 191); 2° que plusieurs plaideurs, dont les intérêts sont communs, peuvent convenir de procéder en appel *par l'intermédiaire de l'un d'eux*, et que la règle « Nul ne plaide, etc. » est respectée, du moment que tous les intéressés figurent en nom dans la procédure d'appel et dans le dispositif de l'arrêt. (Req. 26 mars 1888 aff. Pereire. D. 78, 1, 303.)

Rodière (1), allant plus loin, admet qu'il n'y aurait pas nullité, même dans le cas où le nom du mandant, au lieu de figurer dans l'exploit, ne se trouve que « dans le pouvoir dont il a été donné copie avec l'exploit ».

Le défendeur connaît, dit-il, suffisamment son véritable adversaire. Nous ne partageons pas cette manière de voir, pas plus que celle de M. Naquet (2), suivant lequel il suffirait que l'indication du mandant se trouvât *dans un acte séparé de l'exploit*, auquel il serait renvoyé par les termes de l'assignation et dont la communication ne pourrait pas être refusée. Le nom du mandant, dit-il, *pourra* encore être connu.

Il faut s'arrêter sur cette pente de concessions graduelles, sous peine de sortir complètement du cadre de la règle. Que fait-on, en effet, de la maxime « Nul ne plaide, etc. » si l'on admet qu'une personne peut soutenir par mandataire un procès, sans que son nom figure dans le moindre acte de procédure ? Et c'est bien à cette conclusion là que l'on arrive.

(1) *Op. loc. cit.*
(2) *Op. cit.* p. 636.

§ II. Le cas du prête-nom.

Qu'en est-il maintenant du prête-nom, c'est-à-dire de celui qui se prése. 'e comme investi d'un droit qui ne lui appartient pas réellement.

Ce titulaire apparent de l'action, peut-il la faire valoir judiciairement en son propre nom, et sauf le droit pour les adversaires de chercher dans la personne du véritable intéressé des motifs d'exception ou de compensation ?

Avant d'aller plus loin prenons dans la pratique quelques exemples de ce genre.

Il peut d'abord se faire, que le prête-nom ne soit pas autre chose que l'ancien titulaire du droit, et qui, après l'avoir cédé, en reste encore apparemment investi, parce que la cession n'a pas été régularisée. C'est le cas du vendeur dont la vente n'a pas été transcrite, ou du propriétaire d'une créance cédée mais dont la cession n'a pas été encore notifiée au débiteur.

Prête-nom peut également être le nouveau titulaire d'un droit, auquel il manque encore quelque chose pour qu'il soit complet. C'est l'acheteur avec command non déclaré, ou le porteur d'un effet à ordre, irrégulièrement endossé. Enfin on peut supposer quelqu'un, qui a figuré dans un acte d'acquisition comme le véritable acquéreur du droit, tandis que, au fond, l'acquisition regardait autrui ; c'est encore un prête-nom.

Dans toutes ces hypothèses là, ces titulaires apparents pourront-ils agir en justice en leurs noms ?

Nous pourrions citer un arrêt de la Cour d'Alger, où la négative est admise (16 mars 1868, S. 68.2.244).

« Le débiteur cédé, dit la Cour, ne peut être poursuivi en paiement *sous le nom et à la requête du cédant*, lorsque celui-ci a été désintéressé par le cessionnaire ; une telle poursuite est nulle comme violant la maxime « Nul ne plaide, etc. »

Cette jurisprudence ne se généralisa pas : il fut décidé, à plusieurs reprises, qu'un prête-nom peut agir en son nom personnel, pourvu qu'il n'en résulte pas un préjudice pour l'adversaire (1).

La jurisprudence invoque à son appui la règle d'après laquelle la simulation est licite, quand elle ne déguise pas une fraude contre la loi et ne nuit à personne. Comme, grâce à ce détour, le prête-nom plaide, en apparence, en son nom, la maxime « Nul, etc. » est pleinement satisfaite.

M. Naquet *op. cit.* p. 658; voit au contraire dans ce procédé, qu'il qualifie d'« *ingénieux* », une déviation à la règle. « En allant au fond des choses, dit-il, et quoi que l'on puisse dire, il me paraît évident que c'est un échec au principe. Nous trouvons en effet dans l'espèce un

(1) Voy. Montpellier, 9 mai 1851, D. 54, 5, 44. — Cass. 25 janvier 1864, S. 64, 1, 105. — Aix, 7 avril 1850, S. 72, 2, 86. — Cass. Req. 29 juillet 1874, S. 75, 1, 78. Trib. correct. de Brest, 1887, 8 mai.

tiers, sans aucun droit personnel, qui poursuit en justice, sous son propre nom, la reconnaissance du droit d'autrui. » Mais n'est-ce pas là le propre de toute simulation, et le but de tout procédé de ce genre, n'est-il pas de tourner une règle rigoureuse de la loi ? Quand le Code exige pour les donations des formes spéciales, la libéralité déguisée sous la forme d'un contrat onéreux ne met-elle pas en échec la nécessité de la forme solennelle ?

Je ne crois pas que M. Naquet soit contraire à ce genre de simulation. Mais ici, il y a pour lui autre chose qu'une simulation pure et simple. Nous sommes en présence d'une règle, dit il, pour laquelle la simulation est *formellement* prohibée par la loi. J'avoue ne pas apercevoir cette prohibition *formelle*. Si l'on veut établir une différence entre les règles impératives et celles qui résultent indirectement de la loi, l'argument me paraît mince. Que la loi ait dit, à propos de la défense qui nous occupe, « Nul ne plaide par procureur », et à propos des donations « Tous actes portant donation, seront passés devant notaire » (art. 931 C. c.), le résultat, au point de vue de la prohibition que la loi voulait établir, nous paraît le même.

La défense de plaider par procureur ne sera pas pour cela plus forte ni moins inviolable que celle de faire une donation par acte sous seing privé.

Et si, malgré le procédé de la simulation, on arrive à « se heurter contre la maxime sans la franchir » comme le dit M. Naquet, qu'il nous soit permis de nous demander alors, pourquoi il n'en serait pas de même pour tous les autres cas, où la simulation est tolérée par tout le monde ?

Qu'on ne nous dise pas que c'est réduire la règle à une lettre morte, que d'en autoriser une violation aussi facile.

D'abord pour la plupart des cas que nous avons plus haut prévus, c'est la maxime elle-même qui s'oppose à ce que ce soit le mandant et non le prête-nom qui agisse en justice. Comment, en effet, l'acheteur dans une vente non transcrite, pourrait-il agir en justice, relativement à l'immeuble acheté, si ce n'est au nom du prête-nom ? Le défaut apparent d'intérêt l'empêchant d'agir en son nom, force lui est, s'il veut plaider pour son acquisition, de faire valoir le droit apparent de son ayant cause, qui se trouve ainsi *plaider comme procureur* (1). Ainsi donc par l'application rigoureuse des principes, et indépendamment de tous les moyens pratiques à l'aide desquels les parties pourront tourner les difficultés, nous arrivons, en suivant la doctrine de M. Naquet, dans une véritable impasse.

(1) Nous pourrions citer un arrêt (S. 56, 1. 878, dans lequel cette façon de voir est nettement proclamée. « Celui qui figure dans un acte authentique, dit la Cour, comme prêteur, *a seul le droit d'agir* en vertu de cet acte, alors même qu'on prétendrait, qu'il n'y figure que comme *prête-nom*, si d'ailleurs on n'articule aucun fait de fraude, *en dehors de la circonstance du prête-nom qui, d'ailleurs, n'a rien de frauduleux.*

Entre les deux propriétaires, l'un vrai mais légalement inconnu des tiers, l'autre dénué en réalité de tout droit de propriété, mais le conservant encore en apparence, autant vaut-il admettre dans les démêlés judiciaires avec les tiers ce dernier, qui est réputé partout comme propriétaire, que le premier, qui n'est tel qu'aux yeux de son ayant cause.

Quant à la généralisation de ce moyen détourné du prête-nom, ce qui tiendrait en échec la maxime « Nul, etc. », c'est encore un danger peu sérieux.

Le procédé en question n'est pas, en effet, aussi pratique qu'il le paraît au premier abord. Car il ne faut pas oublier que, si le prête-nom est un mandataire vis-à-vis de son mandant, il est maître de l'affaire, qui lui est ainsi confiée, vis-à-vis les tiers.

D'où il suit que les agissements du prête-nom lient le mandant d'une manière plus *étroite* que ceux d'un mandataire ordinaire, puisque le mandant, étant étranger aux actes faits par le prête-nom avec les tiers *nomine proprio*, ne peut se soustraire à leurs conséquences vis-à-vis de ces tiers, comme il le pourrait, en certains cas, s'il s'agissait d'actes faits par un mandataire *nomine procuratorio*.

Ainsi donc, l'avantage qui résulte de l'emploi du prête-nom trouve son contre-poids dans l'aggravation des risques encourus par le mandant.

Pour nous un fait nous frappe ; c'est que dans le cours de cette vieille controverse, pas une seule fois le

caractère de la maxime n'est entré dans les considérations des opinants. Et pourtant il y eut une époque,
comme nous le verrons plus loin, où ce caractère d'ordre
public était reconnu à la maxime par la jurisprudence.
Pour ceux qui pensent encore ainsi, la question nous
paraîtrait résolue, car tout le monde sait qu'il est interdit de déroger, aussi bien par voie détournée que directement, aux règles qui touchent à l'ordre public.

§ III. Le cas de l'entrepreneur de travaux.

Nous avons remarqué jusqu'à présent, qu'il faut toujours un *mandataire ad litem* pour que la prohibition
résultant de la maxime soit mise en éveil. La règle
« Nul, etc. » n'atteint donc point celui qui, étant lié par
un contrat autre que le mandat, agit contre les tiers
pour obtenir l'exécution de leurs obligations *envers lui*
et se mettre à même de tenir ses propres engagements
vis-à-vis de son cocontractant. C'est le cas de l'entre-
preneur de travaux, exécutés pour le compte d'autrui.
Le contrat qui est intervenu entre ce dernier et l'entre-
preneur n'est pas un mandat, mais un louage d'ouvrage,
car le caractère du mandat est le pouvoir, donné au
mandataire, de représenter le mandant. Il peut donc agir
en son nom contre les ouvriers avec qui il a traité pour
le fait de l'entreprise, sans qu'ils puissent lui opposer
la défense de plaider par procureur (Cass. 26 avril 1876.
D. 76, 1, 429).

§ IV. Principales applications de la règle.

Maintenant que nous connaissons le sens et la portée de notre maxime, cherchons dans la pratique quelques-unes de ses applications.

L'hypothèse d'un tiers, étranger à la chose litigieuse, qui voudrait intenter l'action *en son nom*, au profit du véritable intéressé, ne se présentera pas souvent.

La jurisprudence a eu cependant à statuer sur un cas qui offre quelque analogie avec notre hypothèse. Nous voulons parler du porteur d'un billet à ordre revêtu d'un endossement en blanc. Comme ce porteur n'est réputé que simple mandataire à l'effet de recevoir le paiement, la jurisprudence a décidé, à plusieurs reprises, qu'il ne peut agir en son nom contre le souscripteur. La règle « Nul, etc. » s'y oppose. (Cass. 25 juin 1845. D. 41. 1, 315. Cass. 20 août 1845. D. 45. 1. 418.)

Mais le cas le plus fréquent sera celui où plusieurs personnes, liées par des intérêts communs, sans toutefois constituer une personne morale, ont un droit, concernant la communauté, à faire valoir devant les tribunaux. La maxime « Nul, etc. » s'oppose alors à ce qu'un des cointéressés vienne absorber en sa personne toute la procédure, de manière que tous les actes du procès soient passés en son nom personnel. Il faut que tous les cointéressés soient mis en cause et figurent en nom dans les actes de procédure. Il a été ainsi décidé :

1° Qu'un membre de la commission représentative des vins à Paris, ne pouvait poursuivre dans l'intérêt et au nom de toute la corporation, qui ne constituait pas une personne morale, des écrits injurieux dont elle avait été l'objet. (Trib. corr. Seine 3 janvier 1868, D. 68. 3, 23).

2° Que le liquidateur d'une société en participation ne peut actionner, en son nom, les débiteurs de la Société, parce que ce serait plaider pour les autres associés sans que leur nom intervint. (Aix. 2 mars 1871, S. 72. 2, 261).

3° Que les héritiers bénéficiaires, tous administrateurs de la succession, n'ont pas qualité pour se représenter réciproquement dans les instances intéressant la succession.

4° Que la Chambre de commerce de Paris, instituée pour donner son avis sur les questions intéressant le commerce en général, n'avait pas qualité pour défendre en justice les intérêts commerciaux des commerçants de son ressort. (Trib. Corr. Seine, 10 août 1882. D. 84, 2, 76.

On pourrait multiplier ainsi les exemples, où la jurisprudence eut à appliquer la maxime « Nul, etc ». Les membres de toutes ces associations peuvent cependant agir individuellement en justice, mais toujours *dans la mesure de leur intérêt personnel.* Ainsi, on admet que les membres d'un groupe de commerçants, propriétaires d'une marque de fabrique, peuvent poursuivre, chacun pour soi, les usurpateurs de cette marque. (Paris 13 juillet 1883. D. 84. 2, 151.)

En sens inverse, on a rejeté l'action de commerçants, qui vendant un produit d'une provenance réputée, avaient émis la prétention de poursuivre *dans l'intérêt général du commerce de leur contrée*, les faits de concurrence déloyale, résultant de ce que la même provenance avait été faussement indiquée sur des produits similaires, fabriqués dans une contrée différente. (Angers 1 mars 1870, D, 70, 2, 59.)

Mais si cette irrégularité a été commise, si le cointéressé, au lieu de se contenter de plaider pour son propre compte, a donné à son action un caractère général, faudra-t-il décider que la procédure sera complètement nulle, même à son égard ? M. Naquet (*op. cit.* p. 660) dit qu'il ne faut pas en douter, parce que le mandataire a excipé d'une qualité qu'il ne pouvait assumer, parce qu'il a fait un acte de représentation interdit, en réclamant non point ce qui lui était dû personnellement, mais ce qui était dû à la masse qu'il voulait représenter.

Pour nous cette opinion est un peu exagérée, car elle nous semble ressusciter les souvenirs de la *plus petitio* du droit romain. Tout ce que la loi exige, c'est qu'on ne puisse pas plaider pour un autre, demeuré étranger à l'instance. C'est cette possibilité là que l'application de la maxime doit tendre à écarter et rien de plus. Si donc il résulte, soit des déclarations faites à la barre, soit d'une autre circonstance, que le demandeur, tout en donnant à son action une portée générale, n'a pas moins eu en vue de sauvegarder, en premier lieu son propre intérêt, en demandant par exemple l'allocation d'une indemnité pour le préjudice qui lui était fait personnellement, je ne vois pas pourquoi la forme aurait prévalu sur le fond, et pourquoi le demandeur, pour avoir eu l'air de demander plus qu'il ne lui était dû, se verra refuser même ce qui devait lui revenir légitimement (1).

§ V. Exception faite en faveur du Roi.

Il nous reste, avant de clore ce chapitre, d'ajouter quelques mots, sur le sens de la seconde partie de notre maxime, à savoir sur l'exception faite en faveur du roi.

Nous avons vu, dans la partie historique, les raisons de cette exception, ainsi que la restriction que sa portée a dû subir, le jour, où les lettres de grâce ayant été supprimée, tout le monde pouvait plaider par procureur.

De l'ancien privilège du Roi, il ne resta qu'une partie, celle de pouvoir n'être condamné que dans la personne de son mandataire.

Si la loi a été muette en ce qui concerne la défense de plaider par procureur; elle s'est montrée, au contraire, très explicite en ce qui touche l'exception faite au Roi, et c'est justement cette restriction qui nous a permis de

---

(1) Nous supposons bien entendu, qu'il s'agit d'une obligation divisible et point solidaire. Nous verrons (infra, p. 105) qu'il en est autrement dans ces derniers cas.

reconstituer la vieille maxime, et de conclure sur sa
validité actuelle.

Tous les régimes monarchiques ont maintenu successivement cet ancien privilège du souverain. Nous
avons vu plus haut, les textes relatifs, ainsi que les personnes chargées de plaider en leurs noms, les affaires
concernant la couronne.

Voyons maintenant si c'est là une exception ou, du
moins, si nous sommes en présence d'une exception
sérieuse.

L'empereur ou le roi, est en effet seul de sa condition ; il ne saurait être confondu avec un de ses sujets.
Du fait donc que l'intendant officiel des actions et exceptions du trône déclare agir ou défendre *en cette qualité*,
le nom du souverain n'arrive-t-il pas forcément à être
prononcé, ne fût-ce qu'indirectement, dans l'enceinte
judiciaire? Comme le dit très bien M. Berriat de Saint-
Prix. « le monarque n'est-il pas d'autant plus visible
qu'il est caché derrière l'*advocatus fisci* ? (1) ».

Quoi qu'il en soit cette exception existe-t-elle encore
depuis que nous vivons sous une constitution républi-
caine ?

Toutes les considérations qui justifiaient cette dérogation en faveur du Roi, disparaissent, il nous semble
aussitôt que l'on aborde la personne du président de la
République.

(1) La loi de 1874, reconnaît que les actions sont dirigées « à la
charge du roi. »

D'abord la justice n'émane plus de lui, comme elle émanait du Roi, mais de la nation entière, juge souverain de tous. On ne pourrait donc dire qu'il se jugerait lui-même, s'il paraissait en personne.

Premier citoyen d'un pays libre, le président de la République doit être jugé comme tous ses concitoyens. Du reste les questions de haute convenance invoquées en faveur du Roi, se concilient mal ici avec les idées démocratiques. Le président de la République n'est pas entouré, en effet, du même éclat que l royauté, et son prestige résulte plutôt du choix dont il été l'objet. Il est donc plus digne de sa part, de donn le premier l'exemple de la soumission et de l'égalité ant la loi, en refusant d'invoquer en sa faveur une eption qui ne rappelle que trop les privilèges d'aut s.

Telle aussi paraît avoir été l'intentie es législateurs de la République. Remarquons, effet, que tandis que à chaque changement de sys e politique, une nouvelle loi venait rajeunir cette exc ion, en désignant les personnes qui plaideraient pou le souverain, les lois républicaines sont restées muette s sur ce point.

Que conclure de ce silence, sinon qu'on a voulu abandonner pour l'avenir un privilég que la raison pure aussi bien que les idées nouve repoussaient également ?

CHAPITRE TROISIEME

EXAMEN DE CERTAINS CAS ÉTRANGERS A LA MAXIME.

§ 1. Portée de l'article 69 C. pr. c.

Il existe dans le code de proc. civile un article, le soixante-neuvième, qui prévoyant certains cas particuliers, désigne les personnes auxquelles doivent être remises les assignations lancées contre quelques réunions d'individus.

Cet article a été, il nous semble, la cause d'une certaine confusion.

Comme il s'agit, au fond, de représentants judiciaires de quelques personnes morales, on a cru y voir (1)

(1) GARSONNET. Cours de procéd. T. I, p. 485, v. infra, p. 102.

une dérogation à la règle *Nul ne plaide par procureur.*

Or rien n'est moins vrai.

Il suffit, en effet, de jeter un coup d'œil sur l'art. 69 c. pr. c., pour se convaincre que nous ne sommes pas en présence d'une exception, mais d'une application pure et simple de la maxime : *Nul, etc.*, combinée avec les principes de la personnalité civile.

De quoi s'agit-il en effet ?

Il s'agit de personnes morales, publiques (État, départements, communes) ou privées (sociétés commerciales, etc.), auxquelles on désigne un représentant judiciaire. Or, la représentation en justice de ces êtres de raison, commandée par la force des choses, ne se butte nullement contre la maxime, étant donné que la société ou toute autre personne morale représentée en justice, figure toujours *en nom* dans les actes de procédure, et l'on sait qu'à ces conditions toute personne peut charger un tiers de plaider pour elle. Ah ! si l'association ne constituait pas une personne civile, sans doute il ne pourrait plus être question d'intenter *en son nom* une demande judiciaire. L'action ne pourrait être exercée qu'aux noms des associés, qui devraient *tous* figurer individuellement dans l'instance, par application de la règle « *Nul ne plaide, etc.* »

Mais les réunions d'individus, dont l'art. 69 s'occupe, ne sont que des personnes morales, et nous nous refusons d'y voir la moindre dérogation à la maxime.

Ces principes, si simples en apparence, ont été cependant, souvent méconnus. Aussi, convient-il, de nous y arrêter quelque peu, d'autant plus que les diverses associations, auxquels nous touchons, constituent le champ d'application le plus important de la maxime *Nul ne plaide, etc.* ».

§ II. Sociétés de commerce.

Et d'abord prenons les sociétés de commerce.

Quand le gérant d'une telle société intente une action au nom du corps qu'il représente, soit en vertu du mandat tacite que renferme son titre de gérant, soit en vertu d'un mandat spécial, lui suffit-il d'indiquer le nom de la société, ou bien doit-il donner dans l'assignation les noms, qualités et domiciles de tous les membres dont la société se compose ?

On est d'accord pour décider que les demandes en justice des sociétés anonymes suffisent d'être formées au nom d'un mandataire. L'art. 29 c. com. nous dit, en effet, qu' « elle (la soc. anonyme) n'est désignée par le nom d'aucun des associés ». Ce ne sont que des associations de capitaux, et on comprend que l'indication nominative des actionnaires n'aurait aucun objet.

La même solution est admise pour les *simples* com-

manditaires dans une société en commandite. Du moment qu'ils ne livrent pas leurs noms à la société, alimentée par leur capitaux, le droit de rester inconnus leur appartient.

D'ailleurs à quoi servirait-il de les nommer, du moment qu'ils ne sont pas passibles des condamnations qui seraient prononcées contre la société ? (art. 26 c. com.) sans ajouter qu'ils feraient, d'après certains auteurs(1), en figurant dans l'exploit, acte de gestion, chose qui leur est interdite (art. 27 c. com.).

On convient également, en sens inverse, que dans les sociétés en participation, qui ont un caractère tout privé, tout intime en quelque sorte, qui ne forment pas un être moral et n'ont pas un patrimoine distinct, qui sont en un mot, comme inexistants à l'égard des tiers, les associés ne se représentent pas mutuellement, et que chacun d'eux, dès lors ne peut figurer en justice, que pour son compte personnel).

Le dissentement éclate, lorsqu'il s'agit de sociétés en nom collectif, et d'associés personnels en commandite. La personnalité distincte de la société ne suffit pas à

---

(1) BONCENNE. *Procédure civ.* T. 2, p. 132.
Cette pensée se trouve aussi textuellement énoncée dans un arrêt de la Cour de cass. du 23 août 1836. D. 37. 1. 439. — Troplong (Société n° 692) trouve cette idée hasardée, du moment que la charge et la surveillance du procès est confiée à un gérant, les commanditaires s'étant contentés de donner simplement leurs noms.

M. Boncenne ; il lui faut en outre une indication dé-
taillé des noms « Se borner, dit-il, à désigner les noms
de la raison sociale, ce serait obliger le défendeur à
aller consulter l'extrait déposé au tribunal de commerce,
afin de savoir quels sont les autres associés. Vainement
on objecterait, que suivant l'art. 69, § 6, les sociétés
de commerce sont assignées, en leur maison sociale,
et, s'il n'y en a pas, en la personne ou au domicile de
l'un des associés. Cet article n'est relatif qu'au lieu où
l'assignation doit être laissée. Le demandeur a pris son
temps ; il a pu rechercher et connaître les individus
qui composent la société qu'il veut poursuivre, mais
celui qui est assigné par cette société, doit trouver dans
l'ajournement tous les documents nécessaires pour
qu'il sache à qui il a affaire, et pour qu'il se puisse
défendre avec sûreté ».

Tel n'est pas l'avis de M. Troplong (n° 683). La
raison sociale, dit-il, est le nom de toute la société
en nom collectif, que ce nom se compose du nom
de tous et de chacun des associés, ainsi que cela
arrive parfois dans les sociétés peu nombreuses : ou
bien qu'il ne les comprenne qu'en abrégé par la formule synthétique N et Cie peu importe. La société est
suffisamment personnifiée et nommée. *Le vœu de la
loi est rempli*, ajoute-t-il, *du moment que le nom de la
société seule demanderesse figure dans l'exploit*. Soutenir le contraire, c'est nier la personnalité civile de la
société en question, avec les conséquences qui en résul-

tent. Quant à l'inconvénient, signalé par Boncenne et
qui consisterait à forcer le défendeur, désireux de connaître les noms des sociétaires, d'aller les chercher dans
les actes constitutifs de la société, Troplong n'y voit
pas grand mal : « Est-ce que la publicité imposée aux
sociétés de commerce n'a pas eu précisément pour but
de pouvoir aller chercher les associés latents quand il y
a lieu d'agir contre eux ? N'a-t-elle pas introduit en
grande partie, parce que la société était dispensée, par
les libertés de sa constitution de mettre dans la raison
de son commerce tous les noms des associés ? » Le défendeur a affaire à une société non à des individus, et
lorsque cette société se présente à lui seule sous le nom
qu'elle porte et qui la personnifie publiquement, il ne
peut exiger d'elle rien de plus.

§ III. Sociétés civiles.

La question devient plus difficile à l'égard des sociétés civiles. Il semble cependant que la solution ne
devrait pas offrir de grand embarras, et qu'elle devrait
être affirmative ou négative, suivant que l'on reconnaît
ou non la personnalité morale aux sociétés civiles.
Mais de graves autorités ont méconnu cette conséquence
logique.

La Cour de Cassation d'abord, par un arrêt du 8 novembre 1836 a jugé que, quoique la société civile soit un
être moral dont les intérêts sont distincts de ceux de

chacun de ses membres, néanmoins chacun des associés doit être en nom dans les contestations judiciaires.

Boncenne (t. II, p. 132 et s.) professe également cette doctrine, mais sa théorie à lui est plus générale et partant plus conséquente, car il soutient, comme nous l'avons vu, que même en matière de société collective les noms de tous les associés doivent figurer dans l'exploit.

On juge aisément, des explications qui précèdent, combien la jurisprudence de la Cour de Cassation était illogique. Du moment que les sociétés civiles forment, d'après elle, un être de raison distinct, exiger la présence de tous ses membres dans la cause, n'est-ce pas anéantir la fiction légale qui réunit plusieurs individualités et les absorbe en une ?

Quelles ont été les raisons qui ont empêché la Cour de Cassation de ne pas suivre, en matière civile, la même voie qu'en matière commerciale, et de ne pas tirer du principe de la personnalité civile toutes les conséquences qu'il comporte ?

Voici les causes de cette distinction. « Sans doute, dit l'arrêt du 8 novembre 1836, la société civile est comme la société de commerce un être moral, dont les intérêts sont distincts de ceux de chacun de ses membres (art. 1845, 1850 et 1852 c.c.) un être moral qui peut charger un seul associé de l'administration de ses intérêts (art. 1856) administrateur irrévocable pendant la durée de la société ; les tiers intéressés peuvent agir tant que

« la société existe devant le juge du lieu où la société est établie (art. 50 et 59 c. pr. c.) ; *mais on ne peut en conclure qu'il est permis à cet être moral d'agir en nom collectif, sans donner même l'indication des noms et domicile de ses membres.* D'une part, en effet, dans les sociétés autres que celles de commerce, les associés ne sont pas tenus solidairement des dettes sociales (art. 1862 et 1863) ; de l'autre, l'article 61 code procédure civile porte que l'exploit d'ajournement doit contenir l'indication des noms et domicile du demandeur, aussi que les noms et domicile du défendeur; l'article 69 excepte l'État, le trésor public, les administrations ou établissements publics et § 6 les sociétés de commerce tant qu'elles existent : il n'excepte point les sociétés civiles : ces sociétés restent donc soumises au droit commun et aux dispositions impératives de l'article 61 code procédure civile..., etc. » Cette argumentation pèche par la base. Elle pourrait se résumer ainsi : L'article 69 contient un certain nombre d'exceptions à *l'article 61, c'est-à-dire à la règle « Nul ne plaide par procureur. »*(Cette confusion règne dans tous les considérants de l'arrêt). Les sociétés civiles, quoique personnes morales, ne figurant pas dans l'article 69 code procédure civile, ne peuvent pas plaider, comme les sociétés de commerce, en la personne de leur gérant.

L'erreur principale est donc de considérer l'article 61 c. pr. c. comme l'écho, ou plutôt l'expression législative, de la règle « Nul ne plaide, etc. ». Nous avons déjà vu qu'il n'y a pas la moindre parenté entre ces deux dispositions. Le but de l'article 61 a été, purement et simplement, de nous faire connaître la nécessité, bien explicable, qu'il y a de faire figurer dans l'exploit les noms de celui qui cite, et de celui qui est cité. Si maintenant de simples mandataires peuvent jouer ce rôle et sous quelles conditions, c'est à la maxime « Nul, etc. » de nous le préciser. Il en résulte donc, que la dérogation à l'art. 61 que la jurisprudence voit dans l'art. 69, n'atteint point la maxime *Nul ne plaide par procureur.*

Le but du reste de l'art. 69 c. pr. c. a été tout simplement d'indiquer la forme dans laquelle doivent être assignées certaines personnes morales, toujours et nécessairement représentées, dans les divers actes de leur vie sociale, par un mandataire quelconque.

Si les sociétés civiles n'y sont pas mentionnées, c'est pour la raison bien simple, que ne constituant pas des personnes morales, elles sont dans l'impossibilité de se faire représenter en justice. Mais même à ceux qui, comme la jurisprudence, sont pour la personnalité morale des sociétés civiles, on pourrait encore répondre que l'omission de ces sociétés dans l'art. 69 c. pr. c. s'explique très bien par ce que la loi a eu en vue de statuer sur des cas qui devaient se présenter invariablement, ne pouvant pas s'occuper des sociétés civiles, qui ont la faculté d'exister sans représentants.

Ainsi donc, et en laissant sans réponse, comme étrangers à notre sujet, les autres arguments de solidarité, etc., dont la Cour de cass. a cru nécessaire d'étayer son arrêt, nous concluons, rien que par la force des principes, que la Cour de Cass. a eu tort de ne pas tirer, comme pour les sociétés de commerce, de la personnalité des sociétés civiles, toutes les conséquences qu'elle comporte, ainsi que l'ont fait Duvergier et Troplong.

Ce dernier auteur fait même remarquer avec à propos, que dans notre ancienne jurisprudence, où la maxime était si rigoureusement appliquée, les maîtres et gérants des sociétés taisibles étaient admis cependant à représenter ces sociétés en justice, parce qu'ils en étaient considérés comme la personnification. (V. Coquille, sur Nivernais, t. 22, art. 5).

Quoi qu'il en soit, la jurisprudence n'a pas toujours suivi la même voie, et en présence de ces incessantes variations, il est très difficile de distinguer un système, auquel elle se soit ralliée définitivement.

Des arrêts postérieurs à celui que nous venons de citer, refusent la personnalité morale aux sociétés civiles, et, par une déduction logique cette fois-ci, leur défendent d'agir par représentant (Voy. notam. Ch. req. 29 juin 1853, D. 54,1,288. Nancy, 18 mai 1872, D. 73, 2, 103. Trib. com. de la Seine 2 août 1878, *Le Droit*, 12 septembre 1878.) En revanche, une ordonnance de référé revient sur la jurisprudence primitive, mais sans tomber dans la contradiction que nous avons signalée à propos de l'arrêt de 1836.

Cette ordonnance (Trib de Lille 17 juin 1883) reconnaît aux sociétés civiles la personnalité morale, et conclut de là implicitement qu'elles ont le droit d'agir en justice par l'intermédiaire de leurs représentants légaux (1).

De son côté, la Cour de Cass., par un arrêt du 23 fév. 1891 (P. Fr. 92,1,97) reconnut la personnalité morale aux sociétés civiles, mais, comme dans l'espèce il ne s'agissait que d'une hypothèque établie par un des membres sur sa part dans un immeuble social, on se demandait avec raison si l'intention de la Cour était de revenir à son système primitif, qui malgré la personnalité morale, refusait aux sociétés civiles l'action en justice, ou si, cette fois là, la personnalité des sociétés civiles était admise avec toute sa puissance.

Un arrêt postérieur du 2 mars (1892 (D. 93,1,169) a donné raison aux partisans de cette dernière opinion. Il a été décidé par cet arrêt, que les sociétés civiles, tant qu'elles durent, constituent comme les sociétés commerciales des êtres moraux, et dès lors l'appel interjeté contre une société civile, lui est régulièrement notifié par copie unique délivrée à son avoué, quel que soit le nombre des membres dont elle se compose.

Ainsi donc, on peut dire que la tendance actuelle de la jurisprudence est de mettre sur le même pied, au

---

(1) « Attendu que les réunions d'individus connues sous le nom de société de libre pensée, ne présentent pas les caractères constitutifs d'une *société civile*, *c'est-à-dire d'un être moral* ; *qu'elles sont en conséquence incapables d'agir par leurs présidents*, etc.

point de vue qui nous occupe, les sociétés civiles et les sociétés de commerce.

Mais c'est là un système très hardi qui ne doit pas, croyons-nous, résister longtemps aux attaques de la doctrine.

Au reste, il y a des sociétés civiles, auxquelles on s'accorde à reconnaître la personnalité juridique, et qui sont, par là même, à l'abri des fluctuations éventuelles de la jurisprudence. Ainsi la loi reconnaît la personnalité civile : 1° aux sociétés de mines (1) ; 2° aux sociétés à capital variable (2), appelées sociétés de consommation.

3° Enfin on est d'accord aujourd'hui pour admettre, aussi bien en doctrine (3) qu'en jurisprudence, que l'adoption d'une forme commerciale investit la société civile, sans lui enlever son caractère propre, de la per-

(1) Ceci résulte de l'art. 8 de la loi du 21 avril 1810, qui déclare meubles, conformément à l'art. 529 c. c., les actions et intérêts dans les sociétés ou entreprises pour l'exploitation.

(2) Arg. de la loi du 24 juillet 1867, art. 53 qui, appliquant à ces sociétés les dispositions de l'art. 69 6° c. pr. c., décide que la société, quelle que soit sa forme, sera valablement représentée en justice par ses administrateurs. On comprend difficilement après cela une décision du tribunal civil de Périgueux (jug. du 5 août 1897, la Loi, n° des 16 et 17 janvier 1888), d'après lequel une société coopérative de consommation ne constituait qu'une société civile dépourvue de personnalité juridique et partant incapable de plaider en justice par ses directeurs ou administrateurs.

(3) Contra. Laurent. Droit civil. T. 26, p. 236.

sonnalité morale et par conséquent de la faculté d'ester en justice par ses représentants (1).

Nous ne saurions en revanche souscrire à la jurisprudence de certaines Cours qui, dans l'unique but d'éviter les inconvénients de la maxime, établissent un moyen terme tout à fait contraire aux principes.

Voici en quoi il consiste :

On divise les sociétés civiles en deux classes. Celles dont les statuts sont restés muets sur le conseil d'administration ou ne l'organisent qu'imparfaitement, et celles dont les statuts ont été plus explicites et trahissent de la part des parties l'intention de constituer une personne morale.

Dans le premier cas on appliquera la règle « Nul, etc. » dans toute sa rigueur, tandis que dans la seconde, l'intention des parties sera respectée, et leur représentant les personnifiera seul avec une capacité légale complète.

Voici les considérants d'un arrêt de la Cour de Paris du 27 février 1878 (D. 78, 2, 257) qui consacre cette manière de voir. « Sans doute les sociétés civiles peuvent se constituer sans gérant et s'administrer elles-mêmes; mais si elles croient devoir se donner un représentant légal, il est impossible de comprendre pourquoi une collectivité de personnes et d'intérêts, reconnue

_____

(1) Voir pour plus de détails Lyon-Caen et Renault. *Traité de droit commercial.* T. II. p. 95 et s.

par la loi civile, régie par elle et pouvant avoir des
intérêts distincts des intérêts de chaque membre de
l'association, ne pourrait pas concentrer, *pour des raisons de facilité de procédure*, et dans les *cas de rapi-
dité et d'économie*, la gestion de toutes les affaires
sociales, et les pouvoirs nécessaires pour les mener à
bonne fin entre les mains de son conseil ou d'un seul
associé.

« Qu'une interdiction, aussi défavorable à la marche
et au succès des sociétés civiles, ne pourrait peser sur
elles qu'en vertu d'une défense expresse du législateur,
et que cette défense n'a pas été prononcée par lui... etc. »
Si nous saisissons bien l'esprit de cette jurisprudence,
trois propositions s'en dégagent :

1° Qu'en principe les sociétés civiles ne constituent
pas des personnes morales. (Autrement toute cette
argumentation serait superflue).

2° Que le fait de constituer un gérant par les statuts
est impuissant à leur donner cette personnalité. (Nous
aimons du moins à croire, pour l'honneur de la Cour,
qu'elle l'a laissé sous-entendre.)

3° Mais que cette nomination anticipée d'un représentant légal trahit chez les parties l'intention de se faire
représenter par lui dans les affaires sociales en justice,
ce qu'aucune loi ne défend.

Mais alors que devient la maxime *Nul ne plaide par
procureur*.

§ IV. Associations sans but lucratif.

A côté des sociétés civiles, il faut classer, comme dépourvues de personnalité et partant de l'avantage corrélatif de plaider en justice, les diverses associations qui n'ont pas comme but le lucre, et n'ont pas été déclarées d'utilité publique (1). Mais la jurisprudence, pour des raisons d'utilité pratique et en vue d'éviter les complications et les frais que le trop grand nombre de plaideurs occasionne, a adopté un système d'après lequel, toutes les associations constituées avec l'approbation de l'autorité publique, dans un intérêt collectif qui touche à l'intérêt public, tiennent, de l'adhésion de l'autorité à leur institution, une individualité véritable (2). Il ne nous appartient pas, sous peine de sortir de notre

(1) Il faut excepter certains cas particuliers prévus par des lois spéciales. Ainsi les sociétés de secours mutuels (lois du 15 juillet 1850) les associations syndicales (loi du 21 juin 1865 et 22 décembre 1888) les syndicats professionnels (loi du 22 mars 1884, art. 6) et en général toutes les associations déclarées d'utilité publique, constituent des personnes morales et peuvent en tant que corps distincts de leurs membres, plaider en justice. Ajoutons que cette faculté avait été déjà, avant le législateur accordée aux syndicats professionnels par la jurisprudence. D. 5, 1, 124. D. 64, 1, 424.

(2) V. Req. 5 nov. 1855, D. 56, 1, 353. Cass. 30 août 1859, D. 59, 1,365. Aix, 13 juin 1872. D. 73, 2, 100. Chambéry, 20 juillet 1872. D. 73, 2, 9. Civ. rej. 6 février 1885. D. 86, 1, 161. Cass. 25 mai 1887, D. 87, 1, 289. — Trib. de com. de la Seine, 2 août 1888 (le Droit nº du 18 août 1888).

sujet, d'examiner la légalité d'un pareil système, qui
tendrait à investir les tribunaux d'un pouvoir discré-
tionnaire, pour la détermination des associations jouissant de la personnalité civile (1). Contentons-nous seulement d'observer, que ces décisions ont été toutes ren-
dues en vue d'éviter l'application de la règle, « Nul,
etc. » et que la jurisprudence s'est toujours bien gardée
de tirer de sa théorie toutes les conséquences qu'elle
comporte, notamment au point de vue de la capacité
d'acquérir à titre onéreux ou de recevoir à titre gratuit.
C'est donc une personnalité fausse, ou du moins impar-
faite, qu'elle a illégalement reconnue à ce genre de cor-
porations, juste assez pour violer la maxime « _Nul ne
plaide, etc._ ».

Nous reconnaissons parfaitement que les inconvénients pratiques contre lesquels elle avait à lutter sont
parfois considérables. Qu'on suppose par exemple une
association d'assurances mutuelles. Selon la doctrine
générale, et en laissant de côté la demi-personnalité que
la jurisprudence lui accorde, il n'y a pas là une société
de commerce, ce n'est même pas une société civile dans
le sens de l'article 1832. (2) On doit donc rigoureusement
en conclure que les noms de tous les mutuellistes, qui
se comptent parfois par cent et par mille, doivent tous
sans exception figurer dans les procès intéressant l'as-

(1) V. pour plus de détails LYON-CAEN ET RENAULT, _op. cit._, t. II,
p. 99 et suivantes.
(2) LYON-CAEN ET RENAULT, _op. cit._, t. II, p. 101.

sociation, et que chacun d'eux doit recevoir une copie
de l'exploit d'ajournement. De là des lenteurs et des
frais énormes. Mais sont-ce là des motifs suffisants
pour méconnaître la loi ?

Du reste, d'après une remarque faite par MM. Lyon-
Caen et Renault (t. II, p. 102) à propos de cette dernière
association, la seule peut-être où l'application de notre
maxime conduise à d'aussi fâcheux résultats, tous ces
inconvénients pourront être, en pratique, considérablement diminués. Du moment, en effet, que la maxime
n'est pas considérée comme d'ordre public (*infrà*, p. 132)
on peut renoncer à s'en prévaloir, soit dans un procès
déjà né, soit à l'avance, par une convention spéciale
pour les procès à naître. Si donc les mutuellistes con-
fient par leurs statuts le droit d'agir au nom de l'association à un directeur, celui-ci pourra les actionner en
justice sans qu'ils puissent, liés qu'ils sont par les statuts, invoquer utilement le défaut de personnalité de
l'association (1); or toutes les contestations auxquelles
l'association pourrait se trouver mêlée, auront le plus
souvent lieu avec les mutuellistes. Les assurances mutuelles ont rarement des procès avec les tiers.

(1) Voir pour une hypothèse analogue, Cass. 2 nov. 1879, D.
88, 1, 84.

§ V. Masse des créanciers du failli.

Un dernier mot, pour finir avec l'art. 69 C. pr. c., sur les actions concernant la masse des créanciers du failli. Il résulte indirectement du septième alinéa de cet article, que le syndic peut représenter la masse devant la justice. Ne serait-ce pas là une exception à la maxime « Nul, etc. », et ceci ne semble-t-il pas contredire ce que nous avons dit plus haut, sur le caractère non dérogatoire de l'art. 69 ? (supra, p. 86.)

Nous ne le pensons pas.

Il est, en effet, reconnu aujourd'hui par la majorité des auteurs (1) et par la jurisprudence (2), que la loi considère le groupe des créanciers comme formant une personne morale distincte des personnes des créanciers. Si la loi, pas plus pour les sociétés que pour la masse, ne consacre pas expressément cette personnalité, il n'est pas moins certain que cette individualité distincte résulte indirectement de la loi.

Contentons-nous de signaler les articles 490 et 517. c. com., qui reconnaissent une hypothèque à la masse, et dont le dernier dispose qu'en cas de concordat simple « chacun des créanciers jouit de l'hypothèque conférée à la masse. »

(1) LYON-CAEN, op. cit., t. 7, p. 393.
(2) Bourges, 11 déc. 1889 (le Droit 11 déc. 1889). Alger, 20 nov. 1895. (J. Loi. 14 janvier 1896). V. cependant contra, D. 60, 1, 21.

§ VI. Obligations solidaires ou indivisibles.

La maxime, Nul ne plaide par procureur, semble encore recevoir une autre restriction à propos des obligations solidaires ou indivisibles. Nous verrons qu'il n'en est rien.

Supposons par exemple qu'il s'agisse d'un engagement indivisible, contracté dans un intérêt commun, par les membres d'une association ne formant pas une personne morale.

La plupart du temps ces engagements se font par l'intermédiaire de l'un de ces membres, auquel les autres donnent mandat de traiter pour leur compte. Tout le monde devient ainsi, en vertu des principes du mandat, créancier ou débiteur, et l'obligation, à raison de son caractère indivisible, ne se fractionne pas entre les divers membres, mais elle reste entière sur la tête ou au profit de chacun. Si donc on vient plus tard à poursuivre en justice l'exécution de l'obligation toute entière, dira-t-on que la règle « Nul, etc. » est violée puisqu'on arrive ainsi à faire valoir un droit commun à tous ?

Non certes. La violation n'est qu'apparente, car ce n'est pas plaider pour autrui que de demander ce qui nous est dû personnellement. On pourrait suivre le même raisonnement pour la solidarité.

C'est ainsi qu'un membre d'un cercle a été admis à poursuivre intégralement en son nom privé l'accomplissement d'une obligation contractée envers ce cercle et consistant à fournir l'éclairage des salles de l'assemblée. (Aix, 3 juillet 1844, D. 45, 2, 64, et sur le pourvoi Reg. 29 juin 1847. D. 47, 1, 342.)

De même il a été permis à un membre d'une société chorale, de poursuivre la restitution des médailles et récompenses honorifiques, accordées à cette société et qu'un tiers s'est indûment appropriées. (Trib- civil de la Seine, 10 avril 1870. D. 80, 3, 23.)

Il faut cependant remarquer que la sentence, ainsi rendue, ne pourra pas être invoquée contre les cointéressés sous prétexte de mandat donné par eux, puisque ce mandat illégal, est comme non avenu.

Il arrivera donc ceci : Tandis que tous les cointéressés pourront invoquer en leur faveur une sentence, ou d'autres faits de procédure (appel, péremption, etc.) et auxquels ils sont restés étrangers, ils auront en plus le moyen, grâce à la complicité des principes, de tenir en échec tout autre mesure procédurale qui serait défavorable à la cause commune, non seulement vis-à-vis d'eux-mêmes, qui n'ont point participé, mais même à l'égard de ceux qui ont été personnellement mis en cause. L'indivisibilité ferait, en effet, que l'exécution d'une mesure de ce genre atteindrait tout le monde. Pour rendre notre hypothèse plus tangible, prenons un exemple dans la jurisprudence.

On sait que la requête civile doit être signifiée à personne, et sous l'empire de la maxime « Nul, etc. » elle ne remplit pas cette condition, lorsque dirigée contre une union de propriétaires arrosants, constitués en syndicats par une simple convention privée, elle a été signifiée seulement au président de ce syndicat. Eh bien ! la Cour de Grenoble par un arrêt du 11 janvier 1864 a décidé que non seulement l'assignation serait nulle pour les propriétaires, autres que ceux à qui elle a été signifiée, mais en plus que « la requête civile ne saurait être valable même à l'égard de ces derniers, la question étant de son essence commune et indivisible entre toutes les parties qui étaient au procès, puisque toute modification apportée à la position de chacune d'elles, réagirait sur la position des autres. Les difficultés se hérissent encore nombreuses, toutes les fois que les principes de l'indivisibilité et de la solidarité viennent aux prises avec les principes qui régissent la chose jugée.

Mais c'est là un point en dehors de notre sujet ; aussi ne faisons-nous que l'indiquer.

CHAPITRE IV

EXCEPTIONS A LA MAXIME.

§ I. Incapables d'ester en justice.

Nous arrivons au chapitre des véritables exceptions. Nous allons encore rencontrer des difficultés, car on n'est nullement d'accord sur la portée de ces dérogations. La limite indécise qui sépare celui qui *plaide par procureur*, chose prohibée, et celui qui se choisit tout simplement un mandataire *ad litem*, ce qui n'est pas défendu, est la cause de tous ces dissentiments.

Tel auteur ne voit dans la représentation judiciaire d'un incapable, que l'application de la règle « Nul, etc. », le nom du représenté devant, selon lui, figurer à côté de celui du représentant ; tel autre est d'un avis opposé, seulement il confond le cas de l'incapable et celui de

personnes morales, ce qui nous empêche de l'invoquer
soit dans un sens soit dans l'autre.

Nous avons exposé notre façon de voir à propos des
personnes morales. Nous nous sommes refusés d'y voir
une exception à la maxime, pour la raison que c'était
la personne morale elle-même qui plaidait, emprun-
tant, bien nécessairement, l'activité d'un autre qui lui
servait de porte-parole.

Nous allons maintenant tâcher de prouver qu'il en
est autrement des incapables, par lesquels nous ou-
vrons la série des exceptions.

La grande majorité des auteurs qui ont écrit sur la
procédure, sans prendre trop ouvertement parti dans
la question, se prononcent en sens contraire.

Pour eux, si l'incapable remet le soin de ses affaires
à son représentant, il n'en est pas moins obligé de
faire figurer son nom à côté de celui de son tuteur dans
les actes de procédure.

Ce qui revient à dire que la maxime est pleinement
respectée. Tel est l'avis de Pigeau (Procéd. t. I, p. 119
et Comm. t. I, p. 174) de Boncenne (t. II, p. 135 et s.) de
Carré et Chauveau (T. I. p. 322, quest. 292. et supp. t. I.
p. 94, n° 203) et de bien d'autres encore.

Seul Rodière (t. I, p. 191) pense « que les représentants des incapables *ne sont pas tenus à peine de nullité de mentionner leur qualité*, sauf à la justifier si la
partie adverse le requiert.

Quant à M. Garsonnet, nous ne saurions invoquer,

comme nous venons de le dire, sa haute autorité, ni dans un sens ni dans l'autre, étant donné que selon lui tout est exception, même le cas des personnes morales (t. 1, p. 485).

Si en revanche, nous remontons aux principes pour examiner logiquement la représentation des incapables, nous rencontrerons l'adhésion de plusieurs autorités qui, dans leurs exposés des règles régissant les incapables, ont laissé trahir leur pensée.

Pourquoi, en effet, la loi prescrit-elle aux incapables un représentant judiciaire? C'est parce qu'à côté des autres capacités qui leur manquent, ils n'ont pas ce qu'on appelle en droit « personam standi in judicio », c'est-à-dire le droit de « paraître » et « d'agir » devant les tribunaux (Boncenne, t. 2, ch. II, p. 185).

Or qu'est-ce que c'est que *paraître* en justice, aujourd'hui que toute la procédure est menée par l'avoué, sinon figurer en nom dans tous les actes relatifs au procès?

Telle est aussi, il nous semble, la pensée des maîtres que nous allons citer:

Et d'abord Merlin nous dit que « les pupilles, les mineurs et les interdits, plaident *sous le nom de leurs tuteurs ou curateurs*, par suite de leur incapacité de comparaître en justice ». Aubry et Rau (*Droit civil*, t. 1, p. 462, § 114) déclarent qu'« en pure théorie, le tuteur pourrait, d'après la nature même de la mission qui lui est confiée, exercer *seul* et sous sa responsabilité personnelle, tous les droits et actions du mineur, soit en introduisant *en son nom* des demandes en justice, soit en défendant à celles qui seraient intentées contre lui, soit en poursuivant par voie d'exécution forcée, la réalisation des droits qui lui compète ».

Toullier (*Droit civil*, t. II, p. 360) nous dit que « tous les actes (contrats ou procès) sont passés *au nom du tuteur et sans le concours du mineur*. C'est en ce sens que le tuteur le représente dans les actes civils ».

A ces citations nous pourrions encore joindre une observation, qui, si elle n'est pas, à elle seule, tout à fait concluante, ne présente pas moins une certaine importance. En exigeant dans les actes de procédure et le nom du tuteur et celui du mineur, n'arrive-t-on pas à effacer presque la différence qui existe entre le mineur et le mineur émancipé ? Celui-ci, grâce à sa semi-capacité, plaide *avec procureur*, obligé qu'il est de mentionner dans l'exploit le nom de son curateur, dont l'assistance lui est nécessaire. N'aboutit-on pas au même résultat, en exigeant également que le nom du mineur non émancipé figure à côté de celui du tuteur ?

Je sais que la situation n'est pas identique, et c'est pour cela que je ne m'appuie pas trop sur cet argument, et que, dans la première hypothèse, c'est le tuteur qui agit, tandis que, dans la seconde, l'assignation est lancée à la requête du mineur. Mais, si l'on s'en souvient, dans une circonstance analogue, a-t-on hésité à qualifier ces nuances de « subtilités ridicules (1) » ?

(1) Supra, p. 66.

Nous concluons donc que la loi, en assignant des représentants aux personnes frappées d'incapacité d'ester en justice, a entendu déroger à la règle « Nul ne plaide par procureur ».

Tous ces incapables par conséquent *plaident par procureur*.

Nous avons réservé pour la fin un dernier argument, le plus sérieux à notre avis, tiré de l'analogie qui existe, dans une matière toute traditionnelle, entre la conclusion ci-dessus et la vérité historique : Voici comment s'exprime Ferrière dans son *Dictionnaire de droit et de pratique*. (V° Plaider par procureur.) » Il faut cependant remarquer que les pupilles agissent en France *sous le nom de leurs tuteurs,* les imbéciles où les furieux fous *sous les noms* de leurs curateurs et, en pays contumier, les femmes *sous les noms* de leurs maris ; mais *cette exception de la règle générale* n'a été introduite, qu'en faveur des personnes, qui par leur âge ou par leur état ne peuvent ester en jugement. Tous les autres sont obligés d'agir eux-mêmes ». — Quant à la Jurisprudence, nous pourrions citer en faveur de notre système un arrêt de la Cour de Bruxelles du 31 mai 1827 (Pasicrisie, 2ᵐᵉ série, t. 7, p. 196), qui décide *qu'il n'est nullement nécessaire* que l'exploit d'ajournement « contienne de plus, les noms des mineurs dans l'intérêt desquels agit le subrogé-tuteur ».

Un autre arrêt moins ancien (Cass.-req. 20 janvier 1875, S. 75, 1, 217), a décidé que le suborgé-tuteur qui

dans l'intérêt des mineurs, intente une demande en nomination de conseil judiciaire à leur père, a qualité pour
procéder directement et *en son propre nom* en vertu
de la mission à lui conférée par la loi. Par suite, il
n'est pas nécessaire, à peine de nullité, que l'exploit
d'ajournement tendant à la nomination du conseil judiciaire *contienne l'indication des noms et domicile des
mineurs* ». Enfin dans les considérants d'un arrêt du
8 novembre 1836, (S. 36, 1. 181, nous trouvons ceci :
« Fondée sur la déclaration du 30 novembre 1549, la maxime « Nul, etc. » signifie etc.....: admettre un mandataire,
simple ordinaire, volontaire à figurer en son nom comme
mandataire dans l'action, dans l'instance, dans les
jugements, *ce serait l'assimiler à un tuteur* ; la raison
et la loi s'y opposent ; etc... »

Ce point établi, il nous reste maintenant à déterminer
quels sont les incapables au profit desquels la maxime
souffre une première exception.

Si nous voulions nous servir du langage de la doctrine
aussi bien que de la jurisprudence, nous devrions dire,
pour englober toute cette catégorie de personnes, que
la maxime reçoit exception à propos du mandat légal.
Nous n'aimons pas beaucoup cependant cette manière
de dire. Outre qu'elle présente la question sous la face
la moins méthodique, en désignant les mandataires
pour montrer les mandants, outre qu'elle laisse supposer, que la loi par une disposition générale a retranché
du droit commun cette catégorie de personnes, de plus

elle ne nous paraît pas tout à fait exacte. Un mandataire légal c'est en effet un individu qui tient de la loi le
pouvoir de représenter une personne physique ou morale
dans les actes de la vie civile. Mandataire légal peut
donc être qualifié le préfet, et pourtant le département
qu'il représente ne « *plaide pas* » par son ministère
dans le sens de la maxime, comme les mineurs et les
interdits.

Il vaut donc mieux dire, à notre avis, que c'est au profit des personnes incapables d'ester en justice que cette
dérogation à la maxime existe. Telles sont :

1° Les mineurs non émancipés qu'ils soient adminis-
trés par leur père (administrateur légal) ou par un
tuteur. Ils plaideront par leurs représentants (art. 389 et
450 c. c.).

2° Les interdits judiciairement. Ils plaideront par leurs
tuteurs (art. 509).

3° Les interdits légalement (1) (art. 29 c. pén.).

---

(1) De même avant la loi du 31 mai 1854 qui abolit la mort civile, le mort civilement ne pouvait « procéder en justice » ni en
défendant ni en demandant, que *sous le nom* et par le ministère
d'un curateur spécial, qui lui était nommé par le tribunal où
l'action était portée » (cod. civ. art. 25 6°). Pour ne plus compter
parmi les citoyens, ils n'étaient pas retranchés du nombre des
hommes, et la loi les protégeait encore dans leur participation aux
droits de la nature : Une pensée seulement pourrait faire sourire,
c'est que l'indignité des forçats ait inspiré les mêmes mesures
que la majesté du roi. Ceci nous prouve combien était erronée
l'idée d'après laquelle la majesté du prince aurait souffert, si celui-ci eût daigné descendre en personne dans l'arène judiciaire.

Il leur est également nommé un tuteur.

4° L'individu placé, sans être interdit dans un établissement d'aliénés (arg. de l'art. 23 de la loi du 30 juin 1838). On lui nommera un représentant spécial.

5° Le contumace. L'article 465, c. instr. cr. se borne à dire que toute action en justice est refusée au contumace, mais il est constant (art. 471 c. instr. crim. et avis du conseil d'État 20 septembre 1809) que c'est l'administration des domaines, investie du séquestre de ses biens, qui agit à sa place.

6° Enfin la femme mariée, soit sous le régime de la communauté, soit sous le régime dotal, pourra plaider par l'intermédiaire de son mari. L'article 1428, en effet, donne à celui-ci le pouvoir d'exercer *seul* « toutes les actions mobilières et immobilières possessoires de la femme commune. »

Le même pouvoir, mais d'une manière plus exclusive (*il a seul le droit*) est donné au mari pour les biens dotaux par l'article 549 c. c.

Dans tous les cas où ces deux articles autorisent le mari à agir *seul*, la femme n'a nullement besoin de figurer en nom dans les actes de procédure, et c'est le cas où jamais de dire qu'elle *plaide*, dans toute la force du terme, par procureur (1).

_____

(1) En ce sens GARSONNET *op. cit.*, t. 1, p. 486, *Contra* BIOCHE *op. cit.*, V° Exploit p. 655. — On nous reprochera peut-être d'avoir rattaché cette dernière exception à une certaine incapacité de la femme, ce qui n'est pas peut-être tout à fait exact, surtout

§ II. Mandataires judiciaires.

Comme on le voit, dans toute cette série des déroga
tion à la maxime, il s'agit d'un mandat légal, ce qui a
fait dire à plusieurs que la maxime « Nul ne plaide, etc. »
ne s'applique pas aux mandataires établis par la loi.

Nous avons repoussé plus haut cette expression
comme trop générale (supra p. 111). Nous allons maintenant constater un autre inconvénient, qui est de pré-
parer le chemin à une extension plus facile du cercle
des exceptions signalées. Nous voulons parler des mandataires judiciaires, liquidateurs judiciaires, administrateurs de succession etc. Après tout, s'est-on dit, ceux-
ci ne sont, à vrai dire, que des mandataires légaux ;
n'est-ce pas la loi elle-même qui les investit de leur
pouvoir par l'intermédiaire du juge ? Pourquoi donc n'é-
chapperaient ils pas à la règle « Nul, etc., » comme les
autres mandataires légaux ? Cette argumentation a paru
suffisante à la jurisprudence pour formuler en termes

si l'on admet avec la Jurisprudence (D. 37. 1. 102) que l'exercice des actions en question peut appartenir à la femme par une
convention spéciale ; toute idée d'incapacité disparaît dans ce cas,
car on n'est pas à son gré capable ou incapable. C'est dans un esprit de méthode, et avec la pensée que toutes les dispositions des
articles 1428 et 1549 font partie du changement d'état, subi par la
femme avec le mariage, que nous avons suivi cette classification
sans rien préjuger sur une question qui nous doit rester étrangère.

exprès la dérogation à la maxime en faveur des mandataires judiciaires et de l'appliquer : 1° A l'égard d'un mandataire nommé par la justice pour remplacer une personne chargée par les statuts d'une société de défendre devant les tribunaux les intérêts des obligataires, laquelle ne pouvait remplir la mission qui lui était ainsi confiée. (Civ. réj., 17 févr. 1884, D. 94. 1. 396.)

2° A l'égard d'un liquidateur, désigné par la justice pour représenter les intérêts d'une Chambre syndicale d'agents de change, au lieu et place du syndic dont les fonctions avaient pris fin. (Lyon. 1833 D. 86. 1. 161.)

La doctrine se prononce également dans le même sens (1). Pour nous. cette solution peut être préférable au point de vue pratique, n'est pas juridiquement parlant, la meilleure.

Nulle part la loi n'a dit que les mandataires légaux peuvent *plaider* pour autrui *comme procureurs*. Si certains d'entre eux sont investis de ce pouvoir. cela résulte indirectement de la nature spéciale de leur mission, et de l'incapacité plus ou moins grande des personnes qu'ils représentent. Il n'est donc pas tout à fait juridique de tirer des arguments d'analogie. surtout dans une matière exceptionnelle où l'interprétation restrictive s'impose. Quant à la tradition, elle nous fait complétement défaut.

(1) ROMÈRE, *op. cit.*, t. 1. p. 191. ROUSSEAU et LAISNEY, *Dict de procéd.* V° Action n° 103; AUBRY et RAU,t. 8, p. 133; GARSONNET t. 1, p. 488.

§ III. Cas prévu par l'article 17 de la loi du 24 juillet 1867.

C'est dans le droit commercial que nous allons chercher les autres exceptions. Commençons d'abord par celle qui offre le moins de contestations.

Elle résulte de l'article 17 de la loi du 24 juillet 1867, qui permet à un groupe d'actionnaires, représentant le vingtième au moins du capital social, de charger un ou plusieurs mandataires de soutenir dans leur intérêt commun, contre les gérants ou les membres du conseil de surveillance de la société, une action tant en demandant qu'en défendant. Pour bien saisir la dérogation que cet article apporte à la maxime quelques mots sur l'historique de la loi de 1867 ne seraient pas déplacés. La loi de 1867 est la réédition de deux lois antérieures, celle de 1856 et 1863. La pensée du législateur, dans ces trois lois successives, fut la même : faciliter aux actionnaires l'exercice des actions qu'ils pourraient avoir à intenter contre la société, contre le gérant, contre les administrateurs.

Dans ce but, la loi de 1856 sur les sociétés (1) en com-

---

(1) On lit dans l'exposé des motifs de cette loi : « En permettant à tous actionnaires de se faire représenter par des commissaires nommés en assemblée générale, en accordant aussi à des groupes d'actionnaires la faculté de choisir entre eux des commissaires spéciaux..... le projet *simplifie les procédures et diminue par conséquent les dépenses dans une grande proportion.* »

mandite fit la première fléchir la rigueur de la maxime « Nul, etc ». Mais elle est allée un peu trop loin. Outre, en effet, quelle semblait rendre la représentation en justice obligatoire, et n'accorder à l'actionnaire isolé qu'un droit d'intervention, elle reconnaissait surtout la faculté de représentation à un groupe quelconque d'actionnaires.

C'est dans ces conditions là qu'une deuxième loi celle de 1863, puis une troisième, celle de 1867 (1) sont venues atténuer un peu la gravité de l'exception à la maxime et dissiper toute équivoque. On lit, dans le rapport de la commission du corps législatif, le passage suivant : « Plaider par mandataire c'est une exception au droit commun, qu'il importe de resteindre au lieu de l'étendre. En faire bénéficier les minorités sans se préoccuper de la part qu'elles représentent dans le capital social, c'est exposer les sociétés à des attaques indiscrètes, encourager l'esprit processif en abaissant l'obstacle qui doit l'arrêter : la responsabilité des frais engagés dans la contestation ».

On voit de tout ce qui précède que c'est dans un esprit dérogatoire à notre maxime que l'article 17 de la loi du 24 juillet 1867 a été conçu. En d'autres termes, les commissaires nommés par les action-

_____

(1) L'article 17 de la loi de 1867 est la reproduction presque textuelle de l'article 22 de la loi du 23 mars 1863, relative aux sociétés à responsabilité limité : il a eu pour objet d'étendre cette disposition à toutes les sociétés par actions.

naires à la différence des mandataires ordinaires
agiront en leur nom propre. Telle est aussi l'opinion de
Bedarride (*Comm. de la loi de 1867*. t. 1, p. 387) de
M. Boistel (*Droit commer*. t. 1, p. 209) et de MM. Lyon-
Caen et Renault (t. II, p. 620 et 723). Aussi est-on étonné
que Demangeat ait soutenu dans un rapport présenté
devant la Cour de cass. (D. 78, 1. 303) que l'article pré-
cidé ne déroge point à la règle « Nul ne plaide etc. ».

Voici comment il s'exprime : « L'article 17 dit que les
actionnaires représentant le vingtième au moins du capital
social peuvent charger un ou plusieurs *mandataires* de
les *représenter* en justice. Or ces expressions : « *mandataire* » et « *représenter* » indiquent nécessairement
que le procès est soutenu au *nom* « des actionnaires
eux-mêmes. Suivant nous, les rédacteurs de l'art. 17 ont
voulu déroger au principe du droit commun, suivant
lequel, on peut toujours se donner un mandataire *ad
litem* ; dans une société commerciale par actions, des
actionnaires qui plaident contre le gérant ou contre les
membres du conseil de surveillance, ne peuvent valablement se faire représenter en justice par un mandataire, qu'autant que leurs actions équivalent au 1/20 du
capital social ».

Cette ingénieuse argumentation, qui pourrait nous faire
hésiter un peu, si les travaux préparatoires ne prouvaient
le contraire jusqu'à l'évidence, ne doit plus nous arrêter
un instant. Devant les explications nettes des rapporteurs des lois en question, il serait peut-être oiseux d'in-

sister sur la portée de deux mots, qui ont pu, après
tout, passer inaperçus aux yeux du rédacteur. Du reste,
à le bien prendre, ces *procureurs* des réactionnaires,
pour pouvoir plaider ès-noms, ne sont pas moins dans
leurs rapports avec les actionnaires de véritables *mandataires*. Ils les représentent collectivement en justice,
mais d'une façon plus absolue, dans une forme privilé-
giée exorbitante du droit commun.

Nous concluons donc que la loi de 1867 contient une
véritable exception à la maxime « *Nul ne plaide par
procureur.* » Elle permet aux actionnaires soit d'une société en commandite soit d'une société anonyme (1) art.
39) de plaider par des mandataires qui figurent *seuls en
nom* dans l'instance, et qui recevront *seuls* la signification des actes de procédure. Mais pour que les actionnaires soient admis à user de la faculté que la loi leur
confère, il faut qu'ils représentent au moins le vingtième du capital. En modifiant ainsi le système de la
loi de 1856, on a voulu éviter que les actionnaires ne
fussent entraînés à plaider trop facilement, s'ils pouvaient le faire à peu de frais. Du reste depuis la loi de
1863, reproduite par celle de 1867 (art. 17, 39), ceci n'est
qu'une simple faculté pour les actionnaires ; quelque

(1) Depuis la loi de 1867 ces deux genres de sociétés sont sur
ce point régies par les mêmes règles. On lit dans le rapport
« ... Il a semblé nécessaire... de ramener à l'unité ces dispositions divergentes, et elle vous propose... de placer sous l'empire
de la même règle les sociétés en commandite et les sociétés anonymes ».

nombreux qu'ils soient, ils peuvent agir individuellement, (art. 17 *in fine*). Les pouvoirs que la loi confrère
ainsi aux mandataires élus par les actionnaires, sont
très étendus. L'article 17 ne fait aucune distinction ; ainsi
le jugement, aussi bien que les autres actes de procédure, lui seraient valablement signifié. La signification qui serait faite au mandataire, suffirait pour
faire courir les délais de l'appel (Cass., 28 déc. 1886, D.
87. 1. 497) et l'acte d'appel peut aussi lui être signifié
(Lyon, 10 nov. 1871, D. 72, 2. 181).

Si ces actes étaient signifiés aux mandants on ne
devrait pas. à défaut de disposition légale prononçant la
nullité, considérer la signification comme nulle ; mais
il y aurait en des frais frustratoires, qui comme tels,
devraient rester à la charge de celui qui les aurait faits. —
Observons que l'article 17 n'accorde formellement aux
actionnaires la faculté de *plaider par procureur*, que
dans le cas où ils doivent soutenir un procès contre les
administrateurs gérants ou conseils de surveillance.

Que faut-il décider pour les actions qu'un groupe
d'actionnaires pourrait avoir contre un autre groupe ?
L'article 17, à raison de son caractère exceptionnel, ne
doit il pas recevoir une interprétation restrictive ?
MM. Lyon-Caen et Renault pensent le contraire.
« Rien n'indique, disent-ils, qu'on a voulu donner à
la disposition de la loi de 1867 un caractère limitatif.
La loi a seulement prévu les cas les plus ordinaires où
un certain nombre d'actionnaires sont intéressés dans

un procès ; les contestations entre actionnaires sont rares. Les motifs de la loi existent du reste parfaitement ici. »

§ IV. Droit Maritime.

La jurisprudence, d'accord avec une partie de la doctrine (1), admet que la maxime souffre encore une exception en matière de droit maritime.

M. Naquet (Rev. crit., p. 663, année 1878) a combattu très victorieusement cette théorie, qui ne trouve aucun appui dans la loi, mais que la jurisprudence chercha à justifier, en invoquant une tradition constante. Aucune trace cependant de cette tradition ne se trouve ni dans l'ancien droit ni dans le droit actuel.

Un passage de Valin (Ordonnances sur la marine, t. 1. p. 103) semble venir à l'encontre d'une pareille théorie. Il s'agissait de savoir si l'amiral peut plaider par procureur devant les amirautés. La réponse de Valin est affirmative, mais les raisons qu'il donne nous montrent suffisamment que la maxime « Nul, etc. » reçoit en matière maritime toute son application.

L'amiral, dit Valin, exerçant les pouvoirs d'un seigneur haut justicier, doit bénéficier des prérogatives attachées à cette qualité ; en second lieu, comme les jugements sont rendus au nom de l'amiral, il ne faut

(1) PARDESSUS, t. 5, n° 1302. GARSONNET t. 1, p. 480, 5°

pas que celui-ci paraisse dans l'instance, car alors il serait à la fois juge et partie dans la cause. On le voit, même en matière maritime, il fallait plaider en personne, car autrement toutes les raisons ci-dessus auraient été superflues : sans ajouter que dans le cas contraire Valin n'aurait nullement éprouvé le besoin d'examiner cette question.

M. Naquet (*op. loc. cit.*) cite avec à propos le passage suivant d'Émérigon, sur un procès dirigé contre des assureurs : « Dans l'espèce de l'arrêt on n'avait fait assigner que deux assureurs, *la procédure n'était pas régulière* ». (t. II, p. 336.)

D'où viendrait cette irrégularité, si les deux assureurs assignés pouvaient *plaider* pour ceux qui ne l'avaient pas été ?

Si nous passons au droit moderne, nous verrons que la tradition fait, là encore, complètement défaut.

Le premier arrêt que l'on pourrait invoquer, en faveur de la tradition, est celui de la Cour de Rennes du 26 mars 1849 (D. 51. 2. 151). Cet arrêt admit l'appel soutenu par un mandataire, au nom de plusieurs assureurs, formant le cercle « breton » mais qui ne constituait pas une personne morale. On lit dans les considérants de cet arrêt :

« Considérant que la prétendue maxime invoquée, et qui n'est inscrite dans aucune de nos lois, fut toujours étrangère au droit maritime, surtout en matière d'assurance et de mandat, etc. »

Mais une simple affirmation de la jurisprudence contredite encore par Valin et Émérigon ne suffit pas. Sans ajouter que cette jurisprudence demeure isolée. C'est à tort que l'on a cru trouver la consécration du même principe dans un arrêt de la Cour de cass. (Civ. rej., 3 mars 1852, D. 52. 1. 91). L'espèce était analogue à celle de la Cour de Rennes. Il s'agissait d'un groupe d'assureurs, qui avaient pris la dénomination d'Union Commerciale de Saint-Malo, mais qui n'avait pas le caractère d'une société commerciale. La Cour de cassation a reconnu, il est vrai, que ce groupe d'assureurs avait été valablement assigné en la personne du gérant de l'Union Commerciale de Saint-Malo. Mais, qu'on le remarque bien, la Cour, loin de déclarer la règle « Nul ne plaide, etc. » inapplicable en matière maritime, donnait au contraire, implicitement, à entendre que la maxime continuait à recevoir son application, car elle invoquait, pour justifier son arrêt, la renonciation anticipée de tous les membres de se prévaloir de l'exception résultant de la règle « Nul, etc. », renonciation dont nous aurons, plus loin, à examiner la validité.

Rien donc, ni dans l'ancien droit, ni dans le droit moderne, ne justifie cette prétendue dérogation à la maxime en droit maritime. Les cours ne peuvent pas avoir la prétention de créer, à leur gré, des usages par les décisions qu'elles rendent. Admettre le contraire, ce serait leur reconnaître le droit de disposer par voie de règlement.

§ V. Commissionnaire de commerce.

Il y a enfin un dernier cas où quelques auteurs veulent consacrer une exception. C'est celui du commissionnaire de commerce. Nous lisons dans un arrêt de la Cour de Rennes 9 juin 1847 : « Considérant que le commissionnaire de commerce est celui qui agit en son propre nom, ou sous un nom social pour le compte d'un commettant, d'où il suit, que non seulement il a le droit d'exercer toutes les actions dans l'intérêt et pour la conservation des objets confiés, mais encore *qu'à la différence du mandataire ordinaire* il peut le faire *en son nom*, etc ». Cette proposition nous paraît un peu exagérée. Nous admettons volontiers que lorsque le commissionnaire a contracté en son nom propre avec les tiers, ce qui arrive le plus souvent, il peut soutenir en son nom devant la justice, les droits résultant de ses engagements. Le commissionnaire, pour n'être au fond, dans ce cas là, que le titulaire apparent des droits litigieux, n'a pas moins, comme nous l'avons admis plus haut (supra p. 73) le droit de les faire valoir en son nom devant les tribunaux.

Mais dire d'un autre côté, comme il résulte de l'arrêt précité, que le commissionnaire aura, indistinctement, un droit semblable, même dans les cas où le contrat s'est formé par son intermédiaire *au nom du* commettant, ceci nous semble contraire aux principes, et en l'absence d'une disposition spéciale, nous hésitons à l'admettre.

MM. Rousseau et Laisnay (*op. cit.*, t. 1, p. 243) semblent être de ce dernier avis : « Le mandataire, disent-ils, *qui traite en son propre nom et qui devient ainsi le débiteur direct et personnel des tiers* envers lesquels il s'est obligé, peut être personnellement actionné par eux ».

Toutefois Pardessus (Droit comm., t. 5, n° 1362), et M. Garsonnet (t. 1, p. 489) pensent autrement. Ce dernier auteur fait cependant remarquer, que cette exception n'est que le résultat de la pratique.

CHAPITRE V

ESSAIS LÉGISLATIFS EN VUE D'UNE ABOLITION PARTIELLE DE LA MAXIME

§ I. Divers projets de lois sur les sociétés.

Les inconvénients que l'application de la maxime « Nul ne plaide, etc. » fait naître, n'ont pas manqué d'attirer l'attention du législateur. Plusieurs projets de loi ont été, à cet effet, successivement présentés, tendant surtout à remédier à certains cas particuliers, où l'application de notre maxime se faisait le plus sérieusement sentir.

Nous rencontrons, en premier lieu, un projet de loi sur les sociétés, voté par le Sénat en 1884 et qui tendait à modifier sur certains points, à augmenter et compléter sur d'autres, la loi du 24 juillet 1867. On a vu, (supra, p. 116), que cette loi contenait un article (17) qui portait atteinte à notre maxime en faveur des actionnaires. Mais

cette innovation avait paru insuffisante. Les obligataires
aussi peuvent avoir des intérêts communs à défendre,
soit contre la société, soit contre les actionnaires [1]. La
maxime « Nul ne plaide, etc. » étant donné le nombre
parfois considérable des obligataires, et souvent l'existence de titres au porteur, ce qui empêche qu'on les
connaisse tous, rend presque toute action commune
impossible.

Il est vrai que la jurisprudence avait réussi à tourner
en partie la difficulté ; toutes les fois en effet que le
procès était engagé entre le représentant des obligataires
et la société, le fait de la part de cette dernière d'avoir
consenti à la nomination de ce représentant, équivalait
à une renonciation de se prévaloir de la maxime, renonciation que la jurisprudence tient pour valable.

Il restait cependant d'autres cas, où ce subterfuge ne
suffisait pas, telle l'hypothèse d'un procès contre un
adversaire autre que la société ou contre la société elle-
même, si elle n'avait pas consenti à la désignation du
représentant des obligataires.

L'article 78 du projet de loi (J. Off. 1883, Sénat, annexe
n° 72) donnait satisfaction à ces nécessités.

Il était ainsi conçu : Les porteurs d'obligations formant le vingtième au moins du capital représenté par

(1) La loi Autrichienne du 24 avril 1864 avait déjà pourvu à
cette nécessité, et organisé une représentation collective des obligataires. Voir une étude parue dans les *Juritische Blœtter* de
Vienne 1891, n°s 4 à 7.

chaque série d'obligations peuvent aussi, dans un intérêt commun, charger à leurs frais un ou plusieurs
mandataires de les représenter en justice, et de soutenir collectivement, tant en demandant qu'en défendant, toutes les actions qui peuvent les concerner,
comme créanciers ». Ainsi donc, les obligataires, d'après
cette loi, auraient le même droit, que les actionnaires
d'après l'article 17 de la loi de 1867. En vérité, on ne
voit pas pour quelle raison on refuserait cette faculté
aux obligataires, dès qu'ils sont accordés aux actionnaires.

Ces sages dispositions n'ont pas, malheureusement,
abouti. Elles sont restées en état de projet. Le même sort
fut imparti aux projets de loi relatifs aux associations
syndicales ouvrières, et aux sociétés de secours mutuels
qui contenaient des dispositions analogues. (Annales
de la Ch. des dép. 1883. Projet de loi art. 8 nᵒ 4.)

§ II. Projet de loi sur la révision du code de procédure civile (art. 12).
Projet de loi sur la liberté d'association (an. 1888).

Toutes ces tendances de réforme furent reprises,
avec le même du reste insuccès, quelques années plus
tard et englobées dans le projet de loi sur la révision du
code de procédure civile. (Annexes de la Chambre des
députés 1888. nᵒ 1155, p. 913.)

L'innovation cette fois là était plus générale ; il ne

s'agissait plus d'une telle ou telle association déterminée. Le projet de loi comprenait toutes les associations, auxquelles il conférait, en quelque sorte, une personnalité restreinte, quant à la durée et à l'étendue, aux limites d'une instance judiciaire.

On va en juger :

Le projet de loi prévoit le cas où un groupe de personnes qui ont un intérêt commun, une association, un cercle par exemple, veulent exercer leur droit en justice. Pour cela, il fait une distinction.

Si ces diverses personnes ne sont pas constituées en société, elles peuvent par acte authentique conférer à l'une d'elles le mandat d'ester en justice pour leur compte. Il est donné copie du mandat dans le premier acte de procédure, mais dans tous les autres actes, le mandataire seul est visé : il envoie et reçoit toutes les significations nécessaires.

Si maintenant, au lieu d'une union de personnes groupées momentanément pour exercer une action commune, on est en présence d'une association constituée d'une façon durable, ayant ses statuts, mais ne formant pas une personne civile, la situation pourra être encore plus simple

Le président, ou tout autre membre visé par les statuts, pourra ester comme mandataire légal en justice, dans l'intérêt de l'association. Il n'y aura point besoin de donner une liste complète des associés dans aucun acte de procédure.

Si l'adversaire veut les connaître, il n'aura qu'à se
référer aux statuts nécessairement visés. Une seule condition est exigée : Les statuts doivent prévoir l'exercice d'une action en justice, et contenir le mandat donné
à un membre de l'association. Voici maintenant l'article qui prévoit les hypothèses ci-dessus : art. 12 :
« Toutes personnes ayant un intérêt commun peuvent,
par acte authentique, conférer à l'une d'elles mandat
d'ester en justice en leur nom. Il est donné copie du
mandat dans le premier acte de procédure. Le président
d'une association ou tout autre membre désigné par les
statuts peut ester en justice dans l'intérêt de l'association, et sans que tous les membres qui la composent
soient individuellement désignés ».

Comme on le voit, cet article constitue une condamnation partielle de la maxime « *Nul ne plaide, etc.* ».
Nous n'avons pas hésité à insister quelque peu, car
il nous montre, bien avantageusement à notre avis,
la voie que le législateur de demain doit reprendre, et
nous sert, pour ainsi dire, de conclusion anticipée.

Le projet de loi, dont nous venons de parler, n'ayant
pas abouti, un nouveau projet sur la liberté d'association (séance de 5 juin 1888) est venu remettre sur le
tapis la question de la représentation en justice. On
lit dans l'exposé des motifs (Annexes de la Ch. n° 2742,
année 1888, p. 711) :

« Quel inconvénient y a-t-il, par une sorte de démem-
brement de la personnalité civile, à reconnaître aux

associations simplement déclarées, les droits dont l'exercice ne saurait amener l'acquisition de biens productifs de revenus et ne constitue, par conséquent, aucun danger ?

Nous voulons faire une loi libérale et non une loi de défiance ; nous ne tenons pas seulement à garantir la liberté des associations, mais nous avons à cœur de faciliter leur tâche parce que nous considérons leur rôle comme salutaire ; nous estimons donc que les interdictions doivent être proportionnées au péril, et que si elles le dépassaient, elles ne seraient plus légitimes. C'est même par ces considérations que nous autorisons l'association simplement déclarée à contracter et à *ester en justice, sous le nom de son représentant* qui l'engagera valablement. Elle ne sera donc plus obligée de *réunir les signatures de tous ses membres* ». Voici maintenant la teneur de l'article : Art. 8. c.c : L'association régulièrement constituée peut, sous le nom de ses représentants, *ester en justice* et faire des actes de pure administration.

Après tout ce que nous venons de parcourir, on est en droit de se demander comment tant de bonnes intentions n'ont eu qu'un si maigre résultat.

CHAPITRE VI

CARACTÈRE ET SANCTION DE LA MAXIME.

§ I. La maxime est-elle d'ordre public ?

Demandons-nous maintenant si la maxime touche à l'ordre public.

La question présente une importance capitale, car suivant que l'on reconnaît ou non ce caractère rigoureux à notre règle, sa sanction, et partant son domaine, s'agrandit ou diminue considérablement.

Si, en effet, la maxime ne touche pas à l'ordre public, il est permis de se soustraire d'un commun accord à ses conséquences. En outre l'exception résultant de cette règle, ne peut être suppléée d'office par le juge, et ne peut être opposée pour la première fois devant la cour de cassation.

On sent d'ici la solution à laquelle la jurisprudence a dû s'arrêter.

On a remarqué, en effet, jusqu'ici que, poussée par des nécessités pratiques, elle n'a pas hésité, partout où elle l'a pu, à écarter l'application de la maxime par des procédés plus ou moins discutables. Pourquoi ne se rallierait-elle pas à une opinion qui, diminuant considérablement le champ d'application de notre règle, la mettrait, le moins souvent possible, dans la nécessité de biaiser avec les principes ?

Toutefois, si la Cour de cassation, dans tous les cas où elle a eu à se prononcer, a pensé ainsi, telle ne fut pas toujours la jurisprudence des Cours d'appel.

Nous pourrions citer en ce sens un arrêt de la Cour d'Aix du 27 juin 1825, qui décide que l'exception tirée de la maxime est d'ordre public; qu'elle ne peut être écartée par aucune fin de non recevoir, et que les tribunaux, essentiellement gardiens et conservateurs de l'ordre public, ne peuvent jamais être enchaînés par la volonté des parties.

Un autre arrêt de la Cour d'Amiens du 15 juillet 1826 (S. 29, 2, 133) ajoute que « le défaut de qualité notamment à l'égard du droit à l'objet litigieux, *est le plus grand de tous les défauts et ne peut jamais se couvrir* ». Enfin un arrêt plus récent de la Cour de Paris (22 nov. 1873, J. Av., t. 99, p. 11), et qui présente plus d'importance, car il venait se heurter contre la jurisprudence déjà bien assise de la Cour de cassation, décida que la maxime est d'ordre public et doit être appliquée même d'office par les juges (1).

Quoi qu'il en soit, la cour de cassation, toutes les fois qu'elle eut à se prononcer, n'a pas hésité à repousser toute idée d'ordre public, et voici quelques décisions, conformes à sa théorie :

Le demandeur en revendication contre des possesseurs précaires tels que des usagers, n'est pas recevable à opposer leur défaut de qualité pour répondre à cette action, « attendu qu'il ne saurait se plaindre de la qualité de ses adversaires, puisque c'est lui qui leur a faite en introduisant l'instance ». (Req. 15 mars 1842. Aff. Bach.) Le demandeur est ainsi censé y avoir d'avance renoncé et de telles renonciations sont valables, quand l'ordre public n'est pas en jeu.

Décidé dans le même sens, qu'un membre d'un cercle qui a adhéré aux statuts conférant au président le pouvoir de représenter le cercle en justice, ne peut

(1) La même Cour avait jugé déjà (21 janvier 1861, J. Av. t.86, p. 148) que l'action intentée par le gérant d'une société, formée dans le seul but de faire prévaloir des droits litigieux, est non recevable comme violant la maxime « Nul ne plaide, etc. » Seulement la Cour ne fait pas bien ressortir que c'est par suite du caractère d'ordre public de la maxime, que cette simulation est interdite. Car, même pour ceux qui repoussent toute idée d'ordre public, une telle société ne tiendrait pas debout, étant donné que le but des associés n'était pas cette fois-là de réaliser des bénéfices, ce qui constitue l'élément fondamental de tout acte de société (Revue des Sociétés, 1886, p.594), mais de faire commodément et à moins de frais, que s'ils restaient isolés, des actes d'intérêt commun.

opposer à une demande en paiement des cotisations, l'exception tirée de ce que le président du cercle n'a pas qualité pour exercer cette action (1). (Civ. Cass. 19 nov. 1879. D. 81.1.84.)

Dans un autre ordre d'idées, la Cour de Cassation a refusé, à maintes reprises, d'accepter comme ouverture à cassation l'exception résultant de notre maxime, et qui n'avait pas été soumise préalablement aux juges du fond. Ceci n'est possible, en effet, que quand l'ordre public n'est pas intéressé (2).

Si maintenant, laissant de côté ces décisions, nous voulions connaître la valeur juridique d'une telle théorie, peut-être sur le terrain des principes nous la trouverions en défaut. D'abord cette maxime ne date pas d'hier. Dans l'ancien droit, d'où nous l'avons tirée, elle était, sans aucun doute, considérée comme établissant une prérogative en faveur du roi. Pourquoi ce qui était vrai dans l'ancien droit ne le serait-il plus aujourd'hui ?

Du reste, question d'origine à part, la règle « *Nul ne plaide, etc.* » prouve, par elle-même, qu'elle n'a pas été édictée en vue de donner satisfaction à certains intérêts particuliers des plaideurs, mais qu'elle touche à un des principes fondamentaux de la procédure : la qualité juridique. Si les citoyens pouvaient ne pas s'y conformer,

1) Voir aussi un cas analogue D. 49, 2, 180 et *supra*, p. 123.
(2) V. Req. 17 mai 1874. D. 47, 1, 7. Req. 30 mai 1854. D. 54, 1, 323. Civ. Cass., 24 nov. 1855. D. 56, 1, 115.

la maxime cesserait bientôt d'exister ; on aurait trop
de facilité à la mettre à l'écart, et son inobservation
journalière l'aurait réduite à lettre morte.

Les raisons d'ailleurs sur lesquelles s'appuie la jurisprudence, ne sont point plausibles. On lit dans un
arrêt de la Cour de Bordeaux du 21 février 1851 (D. 51.
2. 191):

« Attendu que la vieille maxime *n'ayant pas été con-
vertie en loi, son inobservation n'est pas d'ordre public.* »

Mais la source de la loi n'influe nullement sur le caractère des dispositions qu'elle contient. Si l'on veut
dire par là que, dans notre législation, tous les principes d'ordre public ont attiré, à raison de leur importance, l'attention du législateur qui les a édictés *en termes exprès*, ceci est une réflexion qui peut être souvent
vraie, mais qui n'est jamais absolue.

§II. Conséquence de son inobservation dans l'état actuel de la jurisprudence.

La violation de la maxime, en dehors des cas où la
jurisprudence voit une renonciation tacite, entraîne la
non-recevabilité de l'action, et la nullité de tous les actes
de procédure signifiés à la requête du *procureur*.
Mais jusqu'à quel moment cette exception est-elle oppo-
sable ? Nous avons vu, plus haut, qu'à raison de son
caractère d'intérêt privé que la jurisprudence lui recon-

naît, elle ne peut pas être opposée pour la première fois devant la cour de cassation. Mais le peut-elle en appel ou en première instance après les conclusions sur le fond ? C'est ici le lieu de se souvenir que l'exception tirée de la maxime n'est nullement une cause de nullité basée sur un pur vice de forme commis dans l'exploit.

C'est un moyen de défense direct, tiré du défaut de qualité.

L'art. 61. c. pr. c. n'exige, encore une fois, que le nom de celui qui poursuit l'action. Donc, dès qu'il y a dans l'exploit le nom du poursuivant, fût-ce celui d'un mandataire, le vœu de la loi est rempli. Mais c'est alors que la maxime *Nul. etc.* intervient pour refuser toute qualité juridique à celui qui veut plaider, en son nom, l'affaire d'autrui. C'est donc une fin de non-recevoir qui, pour employer une distinction chère à Pothier (1), tend à prouver, à la différence des exceptions de pure forme et tout en n'entrant pas dans le mérite de la demande, que le demandeur n'a pas le droit de la former, n'y est pas recevable. Suivant une expression démodée, c'est une exception *péremptoire du fond.*

Ces moyens de défense, que les jurisconsultes modernes (2) aiment à confondre avec les *défenses* proprement dites, doivent par conséquent, pouvoir être opposés pendant toute la durée du litige, et jusqu'à la

---

(1) *Procéd. civ.* part. 1re, chap. 2, sect. 2, art. 1 et 2.
(2) GLASSON. *Leçons de Procéd. civile*, t. 1er, p. 306.

sentence définitive, (arg. *a contrario* article 173 c. pr. c.).

M. Naquet pense différemment (op. cit., p. 665). Il y a, dit-il, renonciation tacite, après les conclusions sur le fond. Nous saisissons difficilement la portée d'un tel raisonnement. Si, en effet, il a de la valeur, pourquoi ne s'appliquerait-il pas à toutes les exceptions de la même catégorie, à celles, par exemple, tirées d'une transaction dont on n'a pas eu soin de se prévaloir en première instance, et qu'on oppose pour la première fois en appel ? M. Naquet consentirait-il à aller jusqu'au bout de sa théorie ?

Aussi la jurisprudence a-t-elle suivi, croyons-nous, la bonne voie, en déclarant que l'exception tirée de la maxime n'est pas de celles qui doivent être opposées *in limine litis*. Mais elle est tombée, à notre avis, en contradiction avec elle-même quand, oubliant la nature de notre exception, elle déclare que « l'appel peut être valablement déclaré dans les Échelles du Levant, *au nom du procureur fondé* de l'appelant, au lieu d'être au nom de l'appelant, si « *l'usage du pays le tolère* » D. 45. 2. 126.

Pour une dernière fois, sommes-nous en présence d'une règle de pure forme, pour appliquer l'adage *locus regit actum* ?

CHAPITRE VII

CONCLUSION

De l'examen que nous venons de faire, quelle est maintenant la conclusion que nous devons tirer ?

Doit-on classer ce vieil adage parmi les dispositions qu'une future réforme doit radicalement emporter, ou au contraire, doit-on le conserver malgré les inconvénients dont il est souvent la cause ?

Aucune de ces deux propositions ne nous paraît acceptable.

S'il est vrai, d'un côté, que la maxime constitue un véritable anachronisme, en ce qui touche les diverses associations, très rares autrefois, il n'est pas moins exact qu'elle reste toujours jeune dès que l'on s'éloigne de ces unions de personnes ou d'intérêts.

Pour quelle raison dispenserait-on un plaideur de plaider en son propre nom ?

Nous n'y voyons aucun intérêt sérieux et légitime.

Les citoyens ne doivent pas dédaigner de comparaître en jugement par eux-mêmes, et en leur propre nom pour demander respectueusement décision sur leurs affaires.

Nombreux sont, au contraire, les inconvénients, si l'on permet de plaider par procureur.

On peut d'abord dire que cette maxime a pour but de prévenir des contestations ultérieures, en ce que les tribunaux n'ayant pas l'usage de vérifier les pouvoirs de ceux qui se présentent pour autrui, ni de les insérer dans leurs minutes, il s'ensuit qu'après un laps de temps considérable, soit que la procuration ait été perdue ou malicieusement supprimée, une partie pourrait désavouer ses mandataires et faire revivre un procès solennellement terminé.

Ensuite, la défense de plaider par procureur empêche l'intervention frauduleuse d'un tiers, servant à couvrir la responsabilité du véritable intéressé, et rend moins à craindre la revendication par un étranger d'un droit qui ne lui appartiendrait pas.

Enfin, on peut encore ajouter, que la substitution d'un étranger à la place du véritable intéressé, tend à augmenter le nombre des litiges, et à rendre plus difficile le rapprochement des parties.

Mais si, au lieu d'un plaideur unique, nous supposons une réunion de plusieurs personnes, liées par des intérêts communs, et qui, par la force des choses, doivent plaider par un mandataire, alors l'application rigoureuse de la maxime devient une gêne considérable. Elle occasionne des complications et des frais, car elle exige la mise en cause de tous les associés, et par conséquent des significations multiples d'actes.

Aussi avons-nous vu la Cour de cassation oublier parfois les principes, dans l'unique désir d'éviter les inconvénients signalés.

Il y a là un état de choses appelant une réforme ; elle devient de plus en plus urgente, à mesure que les groupements d'intérêts désignés sous les noms variés de *syndicats*, *d'association*, etc. se multiplient.

La modification à apporter serait du reste fort simple.

Il suffirait que par une dérogation à la maxime, toutes les personnes ayant un intérêt commun, pussent conférer à l'une d'elles le droit de plaider, pour le compte de tous, en son nom personnel.

C'est dans un tel esprit que les divers projets de lois, plus haut mentionnés, ont été conçus. Malheureusement aucun d'eux n'a pu aboutir jusqu'à ce moment.

Aussi, est-ce en faisant des vœux pour leur prompte transformation en lois, que nous terminons notre étude.

Vu : le Doyen,

E. GARSONNET

Vu : le président de la thèse,

A. ESMEIN

Vu et permis d'imprimer.

Le Vice-recteur de l'Académie de Paris,

GRÉARD.

ORLÉANS. — IMP. G. MICHAU, 47, RUE BANNIER

TABLE DES MATIÈRES.

DEUXIÈME PARTIE

Droit Moderne.

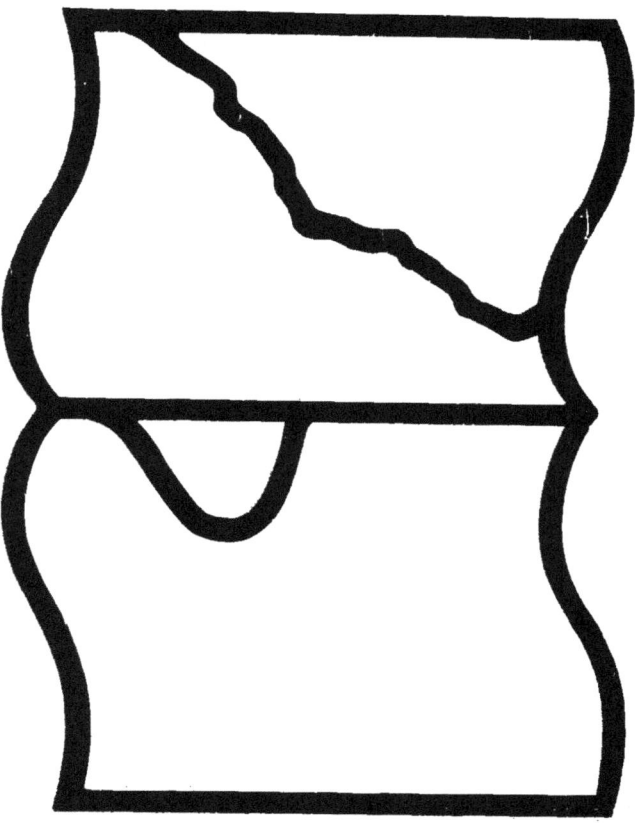

Texte détérioré — reliure défectueuse

NF Z 43-120-11

www.ingramcontent.com/pod-product-compliance
Lightning Source LLC
Chambersburg PA
CBHW071851200326
41519CB00016B/4327